거기 계시며 응답하시는 _____ 하나님

God
Who Is
There
and
Answers
Me

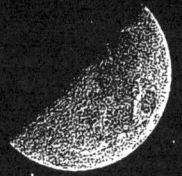

김 남 준

김남준 현 안양대학교의 전신인 대한신학교 신학과를 야학으로 마치고, 총신대학교에서 목회학 석사와 신학 석사 학위를 받았으며, 신학 박사 과정에서 공부했다. 안양대학교와 현 백석대학교에서 전임 강사와 조교수를 지냈다.
1993년 **열린교회**(www.yullin.org)를 개척하여 담임하고 있으며, 현재 총신대학교 신학과 조교수로도 재직하고 있다. 저자는 영국 퓨리턴들의 설교와 목회 사역의 모본을 따르고자 노력해 왔으며, 아우구스티누스를 비롯한 보편교회의 신학과 칼빈, 오웬, 조나단 에드워즈와 17세기 개신교 정통주의 신학에 천착하면서 조국교회에 신학적 깊이가 있는 개혁교회 목회가 뿌리내리기를 갈망하며 섬기고 있다.

주요 저서로는 **1997년도 기독교 출판문화상**을 수상한 『예배의 감격에 빠져라』와 **2003년도 기독교 출판문화상**을 수상한 『거룩한 삶의 실천을 위한 마음지킴』, **2005년도 기독교 출판문화상**을 수상한 『죄와 은혜의 지배』, **2015년도 기독교 출판문화상**을 수상한 『가슴 시리도록 그립다, 가족』을 비롯하여 『깊이 읽는 주기도문』, 『인간과 잘 사는 것』, 『교회와 그리스도의 남은 고난』, 『신학공부, 나는 이렇게 해왔다 제1권』, 『기도 마스터』, 『내 인생의 목적, 하나님』, 『십자가를 경험하라』, 『그리스도인은 누구인가』, 『그리스도는 누구이신가』, 『은혜에서 미끄러질 때』 등 다수가 있다.

거기 계시며 응답하시는 하나님

ⓒ 생명의말씀사 2019

2019년 9월 27일 1판 1쇄 발행
2019년 12월 27일 3쇄 발행

펴낸이 | 김재권
펴낸곳 | 생명의말씀사

등록 | 1962. 1. 10. No.300-1962-1
주소 | 서울시 종로구 경희궁1길 5-9(03176)
전화 | 02)738-6555(본사) · 02)3159-7979(영업)
팩스 | 02)739-3824(본사) · 080-022-8585(영업)

지은이 | 김남준

기획편집 | 태현주, 김정주
디자인 | 조현진, 윤보람
인쇄 | 영진문원
제본 | 정문바인텍

ISBN 978-89-04-16679-4 (03230)

저작권자의 허락없이 이 책의 일부 또는 전체를
무단 복제, 전재, 발췌하면 저작권법에 의해 처벌을 받습니다.

거기 계시며 응답하시는 하나님

저자 서문

눈물 젖은 눈에 하늘이 보입니다

인생이 힘든 것은 힘이 없어서입니다. 살아 있는 한, 문제도 있습니다. 인생은 결코 내 맘대로 전개되지 않습니다. 사랑해야 할 사람들 중에 사랑스럽지 않은 이들이 많은 것이 우리의 현실입니다. 그러나 어두운 밤이 있어서 별은 빛납니다. 타서 없어지는 것이 있어야 불꽃도 있습니다. 은혜는 죄가 있어 찬란하고, 진리의 가치는 오류 때문에 빛납니다.

꽃밭에서 군사 훈련을 받는 사람은 없습니다. 기도는 시련 속에서 꽃핍니다. 그래서 녹아 물같이 흐르는 마음보다 고귀한 것은 없습니다. 그 마음이 바로 하나님께서 열납하시는 마음이기 때문입니다.

사과를 보는 것과 맛보는 것은 다릅니다. 마찬가지로, 자기 사랑으로 단단했던 마음이 깨어지는 경험을 한 사람과 그렇지 않은 사람의 기도는 다릅니다. 자기 사랑의 마음이 깨어짐으로써 우리는 마음의 속살을 어루만지시는 성령의 손길을 느낍니다. 싸늘한 마음에 사랑의 온기가 돌고, 굳었던 마음이 눈물에 풀어지는 것을 경험합니다.

메마른 눈에는 세상만 보입니다. 그러나 눈물 젖은 눈에는 하늘이 보입니다. 우리가 공간 속에서 움켜쥐고 있는 모든 것은 시간과 함께 사라집니다. 그리고 그 주먹 쥔 자도 곧 사라집니다. 영원하지 않은 것을 필멸할 존재가 붙들고 있으니, 거기에는 참된 평안이 없습니다.

비 온 뒤에 무지개가 뜨듯, 고난 속에서 하나님의 성품은 더 찬란하게 나타납니다. 그렇게 우리는 무지 속에서 지혜를 배우고, 고독 속에서 사랑을 깨닫습니다. 방황함으로 떠났으나, 깨달음으로 하나님께 돌아옵니다. 그리고 그 길에서 기도를 배웁니다.

그 배움의 길 위에서 우리는 너무나 평범한 진리를 깨닫습니다. 바로 하나님은 언제나 '거기 계시며 응답하시는 분'이라는 사실입니다. 이것이 이 책이 말하는 바입니다.

2019년 9월
그리스도의 노예 **김남준**

목차

저자 서문   눈물 젖은 눈에 하늘이 보입니다   4
시작하는 글 나의 사랑, 나의 어여쁜 자야, 일어나서 함께 가자   10

제1부   신앙과 기도

제1장   신앙, 하나님을 바라봄   21

시련의 날에 바라본 하나님 | 가난한 마음을 기뻐하심 | 하나님의 은혜를 갈망함 | 유일한 소망, 하나님의 사랑 | 신앙, 하나님을 의지하는 것 | 맺는 말

제2장 기도, 참신앙의 뿌리임   39

기도는 신앙의 뿌리임 | 문제 때문에 기도하게 하심 | 부르짖어 기도함 | 대신할 수 없는 의무 | 기도의 자리로 나아가라 | 맺는 말

제3장 영혼, 기도 속에서 강해짐   57

간구하게 하시는 하나님 | 응답을 받음 | 가까이 계시는 하나님을 경험함 | 영혼에 힘을 얻음 | 강한 영혼과 선한 의지 | 영혼이 아름다운 사람을 사랑함 | 기도로 영혼이 강해짐 | 맺는 말

제2부 신자와 기도생활

제4장 기도와 순종　　　　　　　　　　　　　81
삶의 개혁 없이 기도 회복은 없다

기도와 기도자 | 누가 기도하는가 | 삶으로 기쁘시게 하라 | 사랑하는 자의 기도를 들으심 | 온전한 순종을 바라심 | 맺는 말

제5장 기도와 고통　　　　　　　　　　　　　99
문제를 대하는 태도를 바꿔야 한다

고통에 상한 마음 | 고통 가운데 만나 주심 | 문제 옆에 계신 하나님 | 문제에 대한 올바른 태도 | 맺는 말

제6장 기도와 영적 성숙　　　　　　　　　　　113
영적 성숙은 기도를 통해서 온다

하나님의 임재 안에서 드린 기도 | 통곡하며 드린 기도 | 기도가 기도 제목을 바꾼다 | 간절히 드린 기도 | 기도는 기도자를 바꾼다 | 맺는 말

제7장 기도와 말씀　　　　　　　　　　　　　131
말씀을 깨달아야 기도가 변한다

하나님 나라를 갈망함 | 말씀을 깨달음 | 말씀을 깨달으면 기도가 바뀐다 | 소망이 있는 말씀 | 말씀으로 살리심 | 기도하기로 결심함 | 맺는 말

제8장 기도와 회개   149
회개할 때 기도가 강해진다

기도의 사람을 사용하신다 | 기도하며 간구하기를 결심하고 | 말씀으로 죄를 깨달음 | 금식의 유익 | 공동체의 죄를 끌어안고 | 침체는 우리의 죄 때문임 | 크고 두려워할 하나님 | 맺는 말

제9장 기도와 성령   169
성령의 능력으로 깊이 기도할 수 있다

기도의 형식과 태도 | 성령 안에서 살아야 한다 | 성령을 주심 | 성령 충만하라 | 기도와 성령 | 전인격적인 추구 | 성령께서 기뻐하시는 삶을 살라 | 맺는 말

제10장 기도와 교회   187
교회의 영광을 위해 기도해야 한다

사람이 변하면 기도도 변한다 | 하나님의 영광에 대한 갈망 | 시온의 의가 빛같이 | 예루살렘의 구원이 횃불같이 | 쉬지 않고 드린 기도 | 복음의 일꾼이 되라 | 맺는 말

마치는 글   바람아, 일어나서 나의 동산에 향기를 날리라   204

시작하는 글

나의 사랑, 나의 어여쁜 자야,
일어나서 함께 가자

팔레스타인 지방의 기후는 여름과 겨울로 나눌 수 있습니다. 여름에는 비가 오지 않는 건조한 날씨가 이어집니다. 그리고 온난한 겨울에는 비가 많이 옵니다. 특히 1-2월이 되면 1년 강수량의 70%에 해당하는 비가 내립니다.

겨울비가 그치면 짧은 봄이 찾아옵니다. 그 땅에 봄이 온 모습을 신랑은 이렇게 노래합니다. "겨울도 지나고 비도 그쳤고 지면에는 꽃이 피고 새가 노래할 때가 이르렀는데 비둘기의 소리가 우리 땅에 들리는구나 무화과나무에는 푸른 열매가 익었고 포도나무는 꽃을 피워 향기를 토하는구나"(아 2:11-13).

여기서 '비둘기'는 산비둘기를 말합니다. 당시 산비둘기는 계절이 바뀌면 날아왔다가 때가 되면 떠나는 철새였습니다. 그러니 '비둘기의 소리가 우리 땅에 들리는구나.'를 우리 문화로 등가 번역하면 이런 뜻이 됩니다. "강남 갔던 제비가 돌아왔구나!" 들녘을 날아다니는 제비를 보면서 우리가 '봄이구나!' 하고 생각하는 것처럼, 이스라엘 사람들은 산비둘기를 보면서 겨울이 끝났다는 것을 실감했습니다.

산비둘기가 돌아올 때쯤엔 꽃이 피고 새가 노래합니다. 무화과나무의 푸른 열매는 익어 가고, 포도나무의 꽃은 온 천지에 향기를 날립니다. 겨울과 비교하면 봄은 얼마나 생기가 넘칩니까?

겨울에는 모든 생명이 움츠러듭니다. 나무는 나뭇잎을 떨어뜨리고 최소한의 작용만 합니다. 동물들도 활동을 줄입니다. 그래서 겨울은 모든 것이 죽은 것 같은 계절입니다.

영혼에도 겨울이 찾아올 때가 있습니다. 바로 침체를 경험할 때입니다. 그때 사람들은 낙심하고 절망합니다. 하나님께서 기뻐하시는 일을 할 수도, 하나님께서 주신 사명을 따라 살 수도 없습니다. 하나님을 향해 살 수도 없고 죽을 수도 없습니다. 영혼에 힘이 없기 때문입니다.

그러나 영혼에 봄날이 찾아오면 생기가 넘칩니다. 이때 신자는 자기에게 일어나는 모든 일에서 하나님의 사랑을 봅니다. 고난과 시련 속에서도 하나님을 의지합니다. 많은 일들을 겪지만 평안을 누리고, 하나님을 찬양합니다. 주님을 사랑하는 인격에는 아름다운 꽃이 피고, 선한 행실의 열매가 맺힙니다(갈 5:22-23). 이로써 그 사람 안에 생명이 있음을 보여줍니다.

여러분의 영혼은 어느 계절입니까? 한겨울입니까? 아니면 산비둘기가 돌아오는 봄입니까? 모든 일이 내 뜻대로 될 때가 영혼의 봄날은 아닙니다. 교회의 역사를 돌아보면 극심한 고통, 전쟁의 비참함, 가난과 기근이 있을 때 영혼을 감싸는 주옥 같은 찬송가가 지어졌습니다. 이는 그 지은 이들의 영혼이 봄날을 누렸기 때문입니다.

영혼의 봄은 은혜의 단비가 내림으로써 시작됩니다. 이스라엘 땅에 늦은 비 곧 봄비가 내림으로써 겨울 동안 자란 농작물이 결실하는 것처럼, 우리 영혼에도 은혜의 단비가 내려야 합니다.

사도 바울은 말합니다. "보라 지금은 은혜받을 만한 때요"(고후 6:2). 하나님의 은혜가 필요함을 깨달은 그때가 바로 은혜받아야 할 때입니다.

자신의 영혼의 곤고함을 깨닫고 은혜를 갈망하는 때가 바로 그때입니다. 하나님께서는 은혜받기를 갈망하는 자에게 은혜를 주십니다.

하나님의 은혜에 의해 마음이 녹기를 기도하십시오. 영혼을 다시 살리는 말씀을 경험하기를 결단하십시오. 이 책이 그 일을 위한 첫걸음이 되기를 바랍니다.

"나의 사랑, 나의 어여쁜 자야 일어나서 함께 가자 겨울도 지나고 비도 그쳤고 지면에는 꽃이 피고 새가 노래할 때가 이르렀는데 비둘기의 소리가 우리 땅에 들리는구나 무화과나무에는 푸른 열매가 익었고 포도나무는 꽃을 피워 향기를 토하는구나 나의 사랑, 나의 어여쁜 자야 일어나서 함께 가자"(아 2:10-13).

제1부 ——————— 신앙과 기도

God
Who Is
There
and
Answers
Me

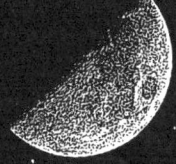

잃어버린 것이 있습니다

150여 년 전만 해도 한국은 기독교의 불모지였습니다. 신분제에서 벗어나지 못한 기득권층은 민중을 쥐어짜고 있었고, 백성은 경제적으로, 의료적으로, 교육적으로 전혀 혜택을 누리지 못하고 있었습니다. 조선이라는 나라에 대한 소문이 서양 기독교계에 알려지게 된 것도 바로 그때입니다. 많은 그리스도인들이 이름조차 낯선 조선을 위해 기도하였습니다. 그리고 그들 중 일부는 자신의 삶을 걸고 이 땅에 들어왔습니다.

당시 조선 여성은 남자 의사에게 몸을 드러내어 진찰받을 수 없었습니다. 그 소식을 들은 로제타 홀(Rosetta Hall, 1865-1951)은 의사가 되어 한국으로 들어왔습니다. 남편과 어린 자녀를 이 땅에 묻었지만, 그녀의 선교 사역은 멈추지 않았습니다. 의과 대학을 수석으로 졸업하고 교수 자리를 제의받은 존 헤론(John W. Heron, 1858-1890)은 보장된 미래를 접고 조선으로 들어왔습니다. 빅터 채핀(Victor Chaffin, 1881-1916)은 한국에 들어온 지 3년 만에 과로로 숨졌으나,

그의 아내의 사역은 멈추지 않았습니다. 오히려 여성 교역자 양성에 더욱 헌신하였습니다.

이 땅에서 겪는 그 어떠한 시련과 고통도 그들의 사랑을 멈추게 할 수 없었습니다. 그들은 복음을 전하기 위해 자신의 모든 것을 바쳤습니다. 그들의 헌신으로 기독교는 이 땅에 뿌리 내렸습니다. 또한 그들의 뒤를 이은 사람들의 수고와 섬김으로 한국교회는 세계가 놀랄 만한 성장을 이루었습니다.

그런데 1990년대를 지나면서 이 땅에서 기독교는 쇠퇴하고 있습니다. 이전 시대와 비교하면 우리가 얼마나 많은 것을 누리고 있습니까? 그러나 영적 생활은 퇴보하고 있습니다. 그리고 퇴보한 영적 생활의 중심에는 잃어버린 기도 생활이 있습니다.

오늘날은 마치 호세아가 살았던 때와 닮았습니다. 세속적인 것에 대해서는 과도한 열렬함이, 신앙적인 것에 대해서는 냉각된 차가움만 있을 뿐입니다(호 7:8).

경제적인 풍족함은 기도할 이유를 찾지 못하게 하고, 지식의 증가는 기도보다 세련된 방법을 구하게 하고 있습니다. 현란한 세상 문화는 기도할 마음을 빼앗고, 세상에서 주는 즐거움은 기도할 시간을 내주지 않습니다.

세상이 여러분에게 참된 위로를 주었습니까? 세상에서 영원한 만족을 찾았습니까? 세상에서 무엇을 보았기에 세상을 향해 달려가고 있습니까? 영원하지 않은 것을 위해 영원한 것을 허비하는 것처럼 어리석은 일은 없습니다.

우리는 하나님을 찾아야 합니다. 인간은 하나님 안에서 의미를 찾으며 살아야 합니다. 영원한 하나님의 경륜 안에서 자신을 바라보아야 합니다. 그래야 우리의 삶이 허무하지 않습니다. 잠시 머물다 떠날 이 땅에서의 삶이 전부가 아님을 알기에, 하나님의 뜻이 무엇일까를 생각하고 하나님께서 명하신 바를 기억해야 합니다. 이것이 그리스도인의 삶입니다.

이 일을 위해 기도해야 합니다. 그리스도인다운 삶은 기도에서 나옵니다.

믿음의 선조들은 기도의 사람들이었습니다. 비록 성경 지식은 적고 체계적으로 신학을 배우지는 못했지만, 그들은 모두 기도의 사람들이었습니다. 그들은 기도 속에서 이 땅을 품었고, 기도로 교회를 세웠습니다. 기도 가운데 시련의 골짜기를 지났고, 기도의 눈물 속에서 하루하루를 살았습니다.

우리는 잃어버린 기도생활을 회복해야 합니다. 그리하여 교회는 사람들로 가득 차고, 그리스도인들은 하나님으로 충만하여야 합니다. 믿는 자들을 통해 하나님의 정의와 사랑이 이 땅에 비같이 내릴 날을 바라보면서 말입니다.

호세아의 외침은 지금도 동일하게 울려 퍼집니다. "너희 묵은 땅을 기경하라 지금이 곧 여호와를 찾을 때니 마침내 여호와께서 오사 공의를 비처럼 너희에게 내리시리라"(호 10:12).

신앙은 하나님을 바라보는 것입니다. 하나님 이외에 의지하던 모든 것을 내려놓고 하나님만 붙드는 것입니다. 이는 곧 자신의 삶에 대한 모든 주권이 하나님께 있음을 고백하는 것이고, 자신의 힘으로 살아가려던 삶의 방식을 포기하는 것입니다. 그러므로 간절한 기도를 통해 마음을 하나님께 고정하십시오. 그리고 그분을 붙드십시오. 의지하는 것만큼 사랑하고, 사랑하는 것만큼 순종하게 됩니다. 기도생활에 대한 성찰은 곧 하나님과의 관계에 대한 반성입니다.

제1장   　　　　　신앙, 하나님을 바라봄

하늘에 계시는 주여 내가 눈을 들어 주께 향하나이다 상전의 손을 바라보는 종들의 눈같이, 여주인의 손을 바라보는 여종의 눈같이 우리의 눈이 여호와 우리 하나님을 바라보며 우리에게 은혜 베풀어 주시기를 기다리나이다   시 123:1-2

"하늘에 계시는 주여 내가 눈을 들어 주께 향하나이다 상전의 손을 바라보는 종들의 눈같이, 여주인의 손을 바라보는 여종의 눈같이 우리의 눈이 여호와 우리 하나님을 바라보며 우리에게 은혜 베풀어 주시기를 기다리나이다"(시 123:1-2).

개인의 기도에서 시작된 이 시는, 고난을 겪은 공동체에 대한 탄원으로 확대되고 있습니다. 시인은 공동체와 함께 어려움 가운데 있었습니다. 심한 멸시를 받고 있었고, 사람들의 웃음거리가 되었습니다. "여호와여 우리에게 은혜를 베푸시고 또 은혜를 베푸소서 심한 멸시가 우리에게 넘치나이다 안일한 자의 조소와 교만한 자의 멸시가 우리 영혼에 넘치나이다"(시 123:3-4).

시인은 하나님의 백성이었지만 버림받은 자처럼 처량하였습니다. 사방이 막힌 상황에서 어찌해야 좋을지 알지 못했습니다. 그때 그는, 눈을 들어 하늘을 바라봅니다.

시련의 날에 바라본 하나님

우리는 세상에서 많은 어려움을 겪습니다. 하나님의 백성도 곤경에 처합니다. 구원받은 자도 평안을 잃어버릴 때가 있고, 역경 속에서 두려워할 때가 있습니다. 마음의 고통 때문에 눈물을 흘리기도 합니다. 그때 우리의 희망이 무엇입니까? 그것은 눈을 들어 하나님을 바라볼 수 있다는 것입니다.

은혜 가운데 있을 때 신자는 무슨 일을 만나든지 그것을 하나님과의 관계에서 해석합니다. 우연히 누군가를 만나면 그를 만나게 하신 하나님의 뜻이 무엇일지를 생각합니다. 어떤 일을 결정할 때 그것을 하나님께서 기뻐하실지를 먼저 생각합니다. 좋은 일을 만나면 하나님을 찬양하고, 나쁜 일을 만나면 거기서 하나님의 뜻을 배웁니다. 주변에서 일어나는 모든 일을 통해 말씀하시는 하나님의 음성을 들으려고 합니다.

그러나 은혜에서 멀어지면 사고방식이 믿지 않는 사람과 별반 다르지 않게 됩니다. 세상에서 생기는 모든 문제를 인간적인 방법으로 해결할 수 있을 것으로 생각합니다. 어떤 일이든지 자신의 힘으로 해결하려고 합니다.

그것이 잘 되지 않을 때는 그 일을 겪게 한 사람이나 환경을 원망합니다. 하나님의 사랑을 의심하고, 낙심과 절망 속에 좌절하기도 합니다. 그러다 결국 하나님을 원망하게 됩니다(욥 2:9).

그러나 고난의 때에 하나님을 향해 눈을 드는 사람은 소망이 있습니다. 그들은 세상에서 일어나는 일로 일희일비하지 않습니다. 그들의 마음은 요동치는 세상이 아니라 불변하신 하나님께 있기 때문입니다. 그래서 그들은 환난과 핍박을 만날 때 주님께로 더 가까이 갑니다. 시인의 경험이 이것을 말합니다.

시인은 세상에서 시련을 겪었습니다. 악인들의 멸시는 크고, 세력은 강력했습니다. 시인은 아무것도 할 수 없었습니다.

그때 그의 마음을 가득 채운 생각은 다음과 같은 것들이 아니었습니다. '어떻게 하면 원수들에게 복수할 수 있을까?', '내가 저들을 망하게 할 수는 없을까?'

오히려 시인은 세상의 요란한 소리에 대해 마음의 문을 닫았습니다(마 6:6 참고). 그리고 하늘에 계신 하나님을 바라보았습니다. 세상이 아니라 하늘에서 오는 도움을 구했기 때문입니다. 이것이 하나님을 믿는 사람들의 가장 큰 복입니다. "하늘에 계시는 주여 내가 눈을 들어 주께 향하나이다"(시 123:1).

가난한 마음을 기뻐하심

시인은 멸시와 조소를 받을 때 하나님을 생각했습니다. 답답한 일을 만나자 하나님을 바라볼 마음이 생겼습니다. 하나님의 도우심이 아니면 이 상황에서 벗어날 수 없음을 알았기 때문입니다.

그때 그의 마음에는 어려서부터 보아 왔던 광경이 떠올랐습니다. 그것은 종이 상전을 바라보는 모습이었습니다.

종은 필요한 모든 것을 주인에게서 공급받습니다. 먹고 입고 쓰는 모든 것이 상전의 손에서 주어집니다. 온종일 일한 그가 박한 대우를 받을 것인가, 후한 대우를 받을 것인가의 여부가 주인에게 달려 있습니다. 자신뿐 아니라 가족의 생사가 상전의 말 한마디에 달려 있습니다.

주인에게는 종을 살릴 권세도, 죽일 힘도 있습니다. 어떠한 잘못을 하여 주인의 처분을 기다리는 종을 생각해 보십시오. 그에게 가장 중요한 것은 국제 정세도, 왕의 이름도 아닙니다. 자신의 인생에 대한 처분권을 쥐고 있는 주인입니다. 그러니 종이 상전을 바라볼 때 그 마음이 얼마나 간절했겠습니까?

시인은 종이 상전을 바라보는 마음으로 하나님을 바라보았습니다. 그분의 처분에 따라 살 수도, 죽을 수도 있다는 마음으로 하나님을 바라보았습니다. 이것은 시인의 마음이 어느 정도로 가난하게 되었는지를 보여 줍니다.

신앙생활의 바탕은 하나님을 향한 경외심입니다. 경외심은 하나님을 두려워하는 마음입니다. 온 땅과 만물 위에 뛰어난 하나님 앞에서 자신이 얼마나 아무것도 아닌 존재인지를 깨달아 엎드린 마음입니다. 또한 경외심은 모든 피조물 위에 뛰어난 하나님의 아름다움 때문에 그분께로 이끌리는 사랑의 고백입니다. 그래서 경외심에는 두려워함에도 불구하고 그분께로 이끌리는 사랑이 있습니다.

이는 경외심의 핵심이 하나님을 향한 지극한 목마름임을 보여줍니다(시 42:1). 하나님을 향한 갈망, 이것은 단순한 두려움과 호기심 어린 사랑을 능가합니다. '하나님 없이는 살 수 없습니다.'라는 의존(依存)의 마음과 '주님을 더욱 간절히 원합니다.'라는 사랑의 마음을 동반합니다. 그리고 이것이 가난한 마음입니다.

가난한 마음은 단지 가진 것이 없는 상태가 아닙니다. 가난한 마음은 세상을 향해서는 비어 있습니다. 그러나 하나님을 향한 갈망으로 가득합니다. 하나님을 전심으로 의지할 수밖에 없는 집중된 마음입니다.

가난한 마음이 있습니까? 사슴이 시냇물을 찾기에 갈급한 것처럼 주님을 찾는 고백이 있습니까?(시 42:1) 하나님만이 나의 반석이며 구원이시라는 믿음이 있습니까?(시 62:6)

하나님께서는 마음이 가난한 사람을 돌아보십니다(사 66:2). 왜냐하면 그들은 사는 것이 자신의 능력으로 되는 것이 아님을 알기 때문입니다. 그들은 온 마음으로 하나님을 붙드는 사람들입니다. 그래서 그들은 아무것도 가지지 못한 것 같으나 실상은 천국을 소유한 사람들입니다(마 5:3).

하나님의 은혜를 갈망함

시인은 가난한 마음으로 하나님을 바라보았습니다. 가장 천한 종이 권세 있는 주인을 바라보는 것처럼 하나님을 우러러보았습니다. 그리고 자신이 원하는 바를 이렇게 간구합니다. "우리에게 은혜 베풀어 주시기를 기다리나이다 여호와여 우리에게 은혜를 베푸시고 또 은혜를 베푸소서"(시 123:2-3).

의아하게 생각되지 않습니까? 우리 같으면 악인들에게 복수해 달라고 기도했을 것입니다. 그들을 내 발 앞에 무릎 꿇게 해 달라고 빌었을 것입니다. 이 고통과 멸시를 빨리 끝나게 해 달라고 하였을 것입니다. 그런데 시인은 먼저 은혜를 구했습니다. 그것도 세 번이나 반복해서 탄원하고 있습니다.

시인은 하나님 앞에 간절한 마음으로 무릎 꿇었습니다. 그리고 주님을 바라보았습니다. 그의 기도는 간단하였습니다. "하나님, 나를 불쌍히 여겨 은혜를 주옵소서."

하나님께서는 이런 기도를 기뻐하십니다. 기도 시간이 되어 두 사람이 성전에 올라갔습니다. 한 사람은 율법대로 살았다고 자부하는 바리새인이었습니다. "하나님이여 나는 다른 사람들 곧 토색, 불의, 간음을 하는 자들과 같지 아니하고 이 세리와도 같지 아니함을 감사하나이다 나는 이레에 두 번씩 금식하고 또 소득의 십일조를 드리나이다"(눅 18:11-12).

이에 비해 세리는 이렇게 기도하였습니다. "하나님이여 불쌍히 여기소서 나는 죄인이로소이다"(눅 18:13).

세리의 말은 겸손의 말이 아니라 사실이었습니다. 그는 동족에게서 불의한 이익을 취하는 죄인이었습니다. 객관적 기준으로 볼 때 동족을 괴롭히는 세리보다 바리새인이 훨씬 더 올바른 사람이었습니다. 바리새인은 다른 사람에게 물리적인 해를 가하지 않았습니다. 그러나 세리는 달랐습니다. 그는 실제로 죄인이었습니다.

그런데 예수 그리스도께서는 뜻밖의 말씀을 하십니다. "내가 너희에게 이르노니 이에 저 바리새인이 아니고 이 사람이 의롭다 하심을 받고 그의 집으로 내려갔느니라 무릇 자기를 높이는 자는 낮아지고 자기를 낮추는 자는 높아지리라"(눅 18:14).

천국 시민의 조건은 얼마나 의로운 일을 많이 했느냐가 아닙니다. 얼마나 하나님 앞에 낮아졌느냐는 것입니다. 자신이 아무것도 아닌 존재임을 얼마나 깊이 깨달았느냐는 것입니다. 그래서 간절히 하나님을 의지하였느냐입니다. 이것이 믿음입니다.

세리는 자신을 바라보았습니다. 그때 어느 것 하나 내세울 게 없다는 사실을 깨달았습니다. 자기의(自己義)가 철저히 부서졌습니다. 자신의 힘으로는 죄에서 벗어날 수 없다는 사실을 깨달았습니다.

그래서 하나님을 붙잡았습니다. 하나님께서는 사랑이 많으시기에 혹시 자신을 용납하실지도 모른다는 그 희망에 자신의 전 존재를 걸었습니다. 하나님께서 자기를 용납하시면 이 죄에서 용서받을 것이라고 생각했습니다. 그에게는 그것 외에는 다른 구원의 길은 없었습니다.

그러자 그의 의(義)가 바리새인의 그것보다 더 낫게 되었습니다. 물론 이 의는 세리에게서 나온 것이 아닙니다. 하나님께서 은혜로 주신 것입니다.

유일한 소망, 하나님의 사랑

누군가 곤고하게 되었을 때 사람들은 그가 그렇게 된 이유를 찾으려 합니다. 어찌해서 불행하게 되었는지를 따져 책임을 묻고 충고하려 합니다.

그러나 엄마는 그렇지 않습니다. 자녀가 고통받고 있을 때, 엄마에게는 원인이 중요하지 않습니다. 그저 불쌍하게 여깁니다. 아이가 아파하는 것보다 더 많이 아파합니다. 자녀를 사랑하기 때문입니다.

하나님께서는 위기 가운데 있는 자녀를 불쌍히 여기십니다. 그 마음이 그를 도우시게 합니다. 그래서 우리가 의지하여야 할 바는 우리에게 있는 그 어떤 것이 아닙니다. 하나님의 사랑입니다.

시인은 소망을 자신에게 두지 않았습니다. 하나님께 두었습니다(시 62:5). 그는 하나님의 풍성한 사랑을 붙들었습니다. 그래서 자신을 불쌍히 여겨 은혜를 베풀어 달라고 기도하였습니다.

하나님의 아들이 왜 세상에 오셨습니까? 우리가 과연 그리스도께서 대신 죽으실 만한 가치가 있는 사람들입니까? 하나님께서 무엇 때문에 그렇게 하셨습니까? 우리를 사랑하셨기 때문입니다. 그 사랑으로 아들을 세상에 보내셨습니다. 그리고 그리스도께서는 죽어 마땅한 죄인들을 위해 생명을 버리셨습니다.

하나님께서 우리의 기도를 들으시는 이유는 우리의 열심이나 간절함 때문이 아닙니다. 하나님께서 우리의 기도에 응답하시는 유일한 근거는 오직 예수 그리스도의 구속 때문입니다. 예수님께서 우리를 위해 고난당하셨기 때문에 하나님께서는 우리의 기도를 들으십니다. 우리 주 예수 그리스도께서 겟세마네 동산에서 깊은 고통을 지나셨기 때문에, 갈보리에서 십자가를 지셨기 때문에 우리가 그분의 피를 힘입어 성소에 들어갈 담력을 얻게 된 것입니다(히 10:19).[1]

이 모든 것이 하나님께서 우리를 사랑하셨기 때문입니다. 시인이 붙들

---

1 오스왈드 챔버스, 「오스왈드 챔버스의 기도」, 스데반 황 역 (서울: 토기장이, 2010), 23.

었던 것이 바로 그 사랑입니다(시 13:5).

시인은 시련과 고통 속에서 하나님의 품으로 파고들었습니다. 마치 친구들에게 놀림을 당한 어린아이가 엄마 품에 안기는 것처럼 말입니다. 자신의 잘못으로 고통당할 때조차 하나님께서는 사랑이 많으시기에 자기를 버리지 않을 것이라는 믿음을 붙들었습니다.

불쌍히 여겨 달라는 자식을 거절할 부모가 어디 있겠습니까? 하나님의 사랑은 부모의 사랑보다 큽니다. 세상은 상한 갈대를 꺾어 버리고, 꺼져 가는 등불은 꺼 버립니다. 그러나 하나님께서는 그렇게 하지 않으십니다. "상한 갈대를 꺾지 아니하며 꺼져 가는 등불을 끄지 아니하고 진실로 정의를 시행할 것이며"(사 42:3).

우리는 누구입니까? 불쌍히 여기시는 하나님의 돌봄이 없이는 살 수 없는 사람들입니다. 매일 베풀어 주시는 은혜로 살아갈 수밖에 없는 사람들입니다. 오늘 이렇게 살아 있는 것도 하나님께서 우리를 불쌍히 여겨 돌보시기 때문입니다.

그런데 우리의 마음은 얼마나 자주 높아집니까? 그러기에 하나님께서는 때때로 시련과 고난을 사용하여 우리 마음을 낮추십니다. 때로는 멸시받게도 하십니다. 사랑하던 사람들과 이별하게도 하십니다. 믿었던 사람들에게서 배신을 당하게도 하십니다.

그때 비로소 하나님만 바라볼 마음이 생깁니다. 악한 자들의 멸시와 조소가 없었더라면 하나님께 향하지 않았을 마음이 변화된 것입니다.

신앙, 하나님을 의지하는 것

하나님을 믿고, 알고, 사랑하는 모든 삶을 가리켜 우리는 신앙생활이라고 말합니다. 신약성경에서 '믿음'이라는 단어는 헬라어 피스티스(πίστις)를 번역한 것입니다. 이 단어는 '신뢰를 불러일으키는 것', 혹은 '의지하는 사람에 대한 의존성을 근거로 믿은 상태'를 뜻합니다.[2]

이 피스티스를 한자어로 옮길 때 신앙(信仰)이라고 하였습니다. '믿는다.'라는 의미를 가진 '신'(信) 자와 '우러러보다.', '의지하다.'라는 뜻을 가진 '앙'(仰) 자를 사용하였습니다. 이는 하나님을 바라보고 그분을 의지하며 살아가는 것이 기독교의 특성임을 말하고 싶었기 때문입니다. 따라서 신앙생활은 '의지(依支)생활'입니다.

인생의 모든 날이 하나님을 의지해야 하는 날들입니다. 그러나 우리의 마음은 쉽게 하나님을 떠납니다. 눈에 보이지 않는 하나님 대신 보이는 세상을 의지합니다.

그래서 하나님께서는 때때로 우리에게 시련과 어려움을 만나게 하십니다. 곤고한 영혼으로 살아가게도 하십니다. 하나님 없이 사는 것이 얼마나 힘겨운 것인지를 몸소 깨닫게 하시기 위함입니다.

하나님께서는 '나 혼자서도 잘 살 수 있다.'라는 교만을 싫어하십니다.

---

2 Walter Bauer, *A Greek-English Lexicon of the New Testament and Other Early Christian Literature*, 3rd ed., eds. Frederick W. Danker, W. F. Arndt, F. W. Gingrich (Chicago: University of Chicago Press, 2000), 818.

하나님의 뜻과는 상관없이 '나는 내가 하고 싶은 대로 하겠다.'라는 완고함을 싫어하십니다(삼상 15:23).

인류 최초의 범죄는 자신이 하나님보다 더 높은 자리에 올라야겠다는 욕망으로부터 시작되었습니다(창 3:6). 그것은 하나님보다 자신이 옳다는 지성적인 교만이었습니다.

예수 그리스도께서는 교만한 인간을 다시 피조물 된 자의 위치로 부르십니다. 그분의 십자가는 하나님의 사랑을 잃어버리고 교만해진 인간을 다시 겸손케 하기 위함입니다.

그분은 참인간이 어떠해야 할지를 몸소 보이셨습니다. "너희 안에 이 마음을 품으라 곧 그리스도 예수의 마음이니 그는 근본 하나님의 본체시나 하나님과 동등됨을 취할 것으로 여기지 아니하시고 오히려 자기를 비워 종의 형체를 가지사 사람들과 같이 되셨고 사람의 모양으로 나타나사 자기를 낮추시고 죽기까지 복종하셨으니 곧 십자가에 죽으심이라"(빌 2:5-8).

하나님의 아들은 지극히 낮아지셨습니다. 종의 형체를 입고 세상에 오셨을 뿐만 아니라 죽기까지 복종하셨습니다(빌 2:8). 부족하고 연약하셨기 때문이 아닙니다. 우리를 사랑하셨기 때문입니다.

예수 그리스도께서는 당신이 걸으셨던 길을 따르라고 말씀하십니다(요 12:26). 그 길은 하나님을 의지하며 사셨던 길입니다. 거기에 인간의 참된 행복이 있기 때문입니다.

하나님을 의지하는 겸손함에 인간의 영광이 있습니다. 하나님만을 붙드는 연약함에 승리가 약속되어 있습니다. 마치 그리스도께서 연약한 자로 십자가에서 죽으셨으나 다시 살아나 우주를 통치하시는 주(主)가 된 것처럼 말입니다(빌 2:9-11).

"이러므로 우리에게 구름같이 둘러싼 허다한 증인들이 있으니 모든 무거운 것과 얽매이기 쉬운 죄를 벗어 버리고 인내로써 우리 앞에 당한 경주를 하며 믿음의 주요 또 온전하게 하시는 이인 예수를 바라보자 그는 그 앞에 있는 기쁨을 위하여 십자가를 참으사 부끄러움을 개의치 아니하시더니 하나님 보좌 우편에 앉으셨느니라"(히 12:1-2).

맺는 말

신앙은 하나님을 바라보는 것입니다. 하나님 이외에 의지하던 모든 것을 내려놓고 하나님만 붙드는 것입니다. 이는 곧 자신의 삶에 대한 모든 주권이 하나님께 있음을 고백하는 것이고, 자신의 힘으로 살아가려던 삶의 방식을 포기하는 것입니다.

그러므로 간절한 기도를 통해 마음을 하나님께 고정하십시오. 그리고 그분을 붙드십시오. 의지하는 것만큼 사랑하고, 사랑하는 것만큼 순종하게 됩니다.

기도생활에 대한 성찰은 곧 하나님과의 관계에 대한 반성입니다. 자신이 지금까지 사랑해 왔던 것이 진정 무엇이었는지를 깨닫게 되는 것입니다.

하나님께서는 지금도 전심으로 당신을 찾는 사람들의 기도를 들으십니다. 가난한 마음으로 당신을 간절히 찾는 사람들을 만나 주시고, 그들에게 살 길을 다시 열어 주십니다.

"여호와는 그를 경외하는 자 곧 그의 인자하심을 바라는 자를 살피사 그들의 영혼을 사망에서 건지시며 그들이 굶주릴 때에 그들을 살리시는 도다 우리 영혼이 여호와를 바람이여 그는 우리의 도움과 방패시로다" (시 33:18-20).

나눔 1.

인생은 흔히 믿음의 경주로 비유됩니다(히 12:1). 우리는 언제 끝날지 모르는 경주를 감당합니다. 그 길 위에서 어떤 일을 겪을지, 누구를 만날지 알지 못합니다. 그때 우리에게 필요한 것은 믿음입니다. 하나님의 사랑에 대한 믿음입니다. 예수 그리스도의 사랑만이 그 경주를 끝까지 감당할 수 있는 힘을 줍니다. 이에 대해 사도 바울은 이렇게 외칩니다. "그리스도의 사랑이 우리를 강권하시는도다"(고후 5:14).

그리스도의 사랑을 어제보다 더 많이 알기 위해 힘쓰고 있습니까? 이런저런 일에 함몰되기 쉬운 오늘, 어떻게 하여야 그리스도의 사랑을 더 많이 맛볼 수 있을까요?

나눔 2.

마음이 가난한 자들은 자기를 의지하지 않습니다. 자기 중심성을 버리고 하나님 중심으로 돌아선 사람들입니다. 그들은 육신의 생각보다는 성령의 인도를 받으며 살고자 합니다. 자기의 생각보다는 하나님의 말씀을, 보이는 상황보다는 보이지 않는 하나님을 바라보는 사람들입니다. 그래서 마음이 가난한 자들은 하나님을 절대적으로 의지합니다. 그들은 하나님 나라를 소유한 사람들입니다. 예수님께서 팔복의 첫 번째 복으로 이를 꼽으신 이유도 이 때문입니다. "심령이 가난한 자는 복이 있나니 천국이 그들의 것임이요"(마 5:3).

여러분의 마음은 어떠합니까? 신앙에서 가난한 마음이 주는 유익과 가난한 마음을 소유하는 길에 대해 나누어 봅시다.

세상을 변화시키는 능력, 세상을 이기는 힘은 기도로부터 옵니다. 우리는 기도를 통해 나아가야 할 길을 알게 됩니다. 어려운 환경 속에서도 기도하는 신자는 굳건히 자신의 길을 걸어갈 수 있습니다. 환경을 능가하는 은혜를 기도를 통해 공급받기 때문입니다. 그러므로 기도하는 그리스도인은 강한 사람입니다. 신앙은 기도로 시작되고, 기도로 강화됩니다. 기도 속에서 신앙은 꽃피고 그 안에서 열매를 맺습니다.

제2장　　　　　　　　　　　**기도, 참신앙의 뿌리임**

네가 부를 때에는 나 여호와가 응답하겠고 네가 부르짖을 때에는 내가 여기 있다 하리라 사 58:9

하나님께서는 무슨 일이든지 하실 수 있습니다. 그러나 우리의 기도를 통해서 그 일들을 하기를 기뻐하십니다. 때로는 우리의 눈물이 기도의 병에 가득 차기까지 기다리십니다(시 56:8).

기도는 하나님을 의지한다는 표지입니다. 그래서 기도 없는 신앙생활은 없습니다. 그것은 하나님 없이 살 수 있다고 말하는 것입니다. 하나님의 도움은 필요 없다고 말하는 것과 같습니다.

신앙의 눈으로 보십시오. 그러면 매 순간 붙들어 주시는 하나님 없이 살 수 없음을 깨닫게 됩니다. 그런데 우리는 어떻습니까? 기도하지 않고 지낼 때가 많습니다.

기도는 신앙의 뿌리임

사무엘의 고백처럼 기도하지 않는 것은 죄입니다. "나는 너희를 위하여 기도하기를 쉬는 죄를 여호와 앞에 결단코 범하지 아니하고 선하고 의로운 길을 너희에게 가르칠 것인즉"(삼상 12:23). 기도하지 않는 것은 하나님의 백성으로 살기를 포기한 것입니다. 기도하지 않고 살 수 있다는 사실 자체가 이미 심각한 문제입니다. 실제 삶에서는 하나님과 상관없이 살아가고 있다는 표이기 때문입니다.

　세상을 변화시키는 능력, 세상을 이기는 힘은 기도로부터 옵니다. 우리는 기도를 통해 나아가야 할 길을 알게 됩니다. 어려운 환경 속에서도 기도하는 신자는 굳건히 자신의 길을 걸어갈 수 있습니다. 환경을 능가하는 은혜를 기도를 통해 공급받기 때문입니다. 그러므로 기도하는 그리스도인은 강한 사람입니다.

　신앙은 기도로 시작되고 기도로 강화됩니다. 기도 속에서 신앙은 꽃피고 그 안에서 열매를 맺습니다. 한 사람이 예수 그리스도를 영접하고 구원을 얻기 전에 무슨 일이 있습니까? 누군가가 그 사람을 위하여 간절히 기도하는 일이 있습니다. 우리를 구원하시려는 하나님의 계획은 우리가 기도하기 전에 누군가의 기도를 통해 구체적으로 실현됩니다.

우리가 회심하였을 때 믿어지지 않던 하나님의 사랑이 믿어졌습니다. '나 같은 죄인'을 위하여 예수 그리스도께서 십자가에 못 박히셨다는 사실에 감격하였습니다.

그때 우리가 제일 먼저 한 일은 무엇이었습니까? 기도였습니다. 구원받은 그날, 우리는 기도 학교에 입학하였습니다.

그리스도인이라면 누구에게나 예수 그리스도를 만나 은혜를 맛보는 놀라운 경험이 있습니다. 그때 우리는 십자가 앞에서 한 마리 연약한 양이 되어 한없이 울었습니다. 그리스도를 향한 사랑은 기도의 눈물로 표현되었습니다.

그뿐만이 아닙니다. 우리는 기도의 눈물 속에서 하나님을 섬겼습니다. 자신의 부족을 발견할 때마다 기도하였습니다. 자신의 연약함과 사명의 고귀함 앞에서 주님의 도우심을 바랄 수밖에 없었습니다. 하나님의 은혜가 아니면 한순간도 자신의 자리에 서 있지 못할 것 같은 두려움을 느꼈습니다. 그래서 기도하지 않을 수 없었습니다.

히브리서 11장의 믿음의 선조들을 보십시오(히 11:4-38). 그들은 한결같이 시련과 고난의 가시밭길을 걸었습니다. 그들 중에는 부한 자도, 가난한 자도 있었습니다. 유명한 자들도, 무명한 자들도 있었습니다. 그들을 믿음의 증인 되게 한 것은 세상의 지위가 아니었습니다. 그들이 기도하면 언제든지 열리는 하늘 문이었습니다(계 3:8).

바울은 오직 그리스도를 위한 삶을 살았습니다(갈 6:14). 하나님의 사랑을 알지 못하는 사람들에게 구원의 소식을 전하는 것을 소명으로 여겼습니다(행 19:21, 롬 1:14). 그 일을 위해 젊음과 건강, 생명까지 바쳤습니다. 바울의 사명이 무엇을 통해서 이루어졌습니까? 하나님의 능력으로 이루어졌습니다. 그리고 그 능력은 기도 속에서 주어졌습니다.

어둠의 세상 주관자들은 쉬지 않습니다(엡 6:12). 악한 영들은 은혜의 세계를 흔들기 위해 깨어 일하고 있습니다(벧전 5:8).

그리스도인들의 신앙을 파괴하기 위해 악의 세력이 쉬지 않기에 바울은 기도 속에서 살았습니다. 그리고 쉬지 않고 기도할 수 있는 비결을 깨달았습니다(살전 5:17).

지금도 알지 못하는 사람들이 우리를 위해 기도하고 있습니다. 모자라는 우리의 기도를 누군가가 채우고 있고, 교회를 위하여 지금도 누군가가 기도하고 있습니다. 성령께서도 탄식함으로 기도하고 계십니다(롬 8:26). 그리고 하나님의 보좌 우편에서는 그리스도께서 기도하고 계십니다(히 7:24-25).

기도가 우리의 신앙생활에서 얼마나 중요한지 생각해 보십시오. 하나님께서는 당신의 마음에 합한 사람을 기도의 사람으로 만들고, 그들의 기도를 통해서 역사하십니다. 그런데 우리의 실상은 어떠합니까? 간절히 기도하지 않습니다.

문제 때문에 기도하게 하심

인생의 장벽 앞에 선 사람들이 있습니다. 여리고 성처럼 커다란 벽 앞에 선 사람들이 있습니다. 세월이 흘러도 여전히 기도의 제목으로 남아 응답되지 않은 짐을 지고 있는 사람들이 있습니다.

그리스도인들도 때로 환경으로부터 어려움을 당하기도 하고, 자신의 불순종 때문에 고통받기도 합니다. 자신의 힘으로는 이길 수 없을 것 같은 시련을 만나기도 합니다.

그런 도전 앞에서 예수님의 음성이 들리지 않습니까? "기도 외에 다른 것으로는 이런 종류가 나갈 수 없느니라"(막 9:29).

우리는 몸으로 부딪혀야만 깨닫는 경우가 많습니다. 설교단에서 아무리 "기도하자."라고 외쳐도 그것이 자신에게 해당되는 말인지를 알지 못합니다. 말씀을 통해 지금은 기도할 때라고 충고받아도 그 말에 귀를 기울이지 않습니다.

그러다가 환난의 비바람이 불고 시련의 폭풍이 몰아쳐 오면, 그래서 더 이상 자신의 삶을 지탱할 수 없을 것 같으면, 비로소 하나님을 생각합니다. 절망의 낭떠러지로 굴러떨어질 것 같은 위기를 만날 때에야 기도할 마음을 갖습니다.

우리의 마음은 완강하여 평안할 때는 하나님을 찾지 않습니다. 큰 시련을 만날 때에야 하나님을 찾습니다.

따라서 인생의 길에서 만나는 시련은 우리에 대한 하나님의 미움의 표현이 아닙니다. 우리가 만나는 모든 고통과 괴로움은, 설령 우리의 죄 때문에 일어난 것이라고 할지라도, 그것은 하나님의 복수가 아닙니다. 그것은 시련 가운데 홀로 있지 말고 당신께로 돌아오라는 아버지의 부르심입니다.

찰스 스펄전(Charles Haddon Spurgeon, 1834-1892)은 말합니다. "사랑하는 형제들이여, 기도하자. 우리 모두 논쟁할 수 없으나 우리 모두 기도할 수 있다. 우리 모두 지도자가 될 수 없으나 우리 모두 기도의 사람이 될 수 있다. 우리 모두 현란한 수사를 구사할 수 없으나 우리 모두 강력하게 기도할 수 있다. 얼마 지나지 않아서 여러분은 사람보다 하나님을 더 빨리 감동시키게 될 것이다. 기도는 영원한 분, 전능한 분, 무한한 분과 우리를 하나로 엮어 주기에 무엇보다 먼저 의지해야 한다. ……여러분이 하나님과 함께하고 있다는 것을 확신하면, 하나님이 여러분과 함께하신다는 것을 확신하게 될 것이다."[3]

항상 기도에 힘쓰십시오. 지금 기도할 수 있다면 시련이 다가올지라도 담대할 수 있습니다. 유혹이 다가와도 이길 수 있습니다. 혼돈 가운데서도 염려하지 않습니다. 매 순간 우리가 주님의 손안에 있음을 믿기 때문입니다.

---

3 찰스 스펄전, 『스펄전의 기도 레슨』, 유재덕 역 (서울: 샘솟는기쁨, 2013), 5-6.

그때 죽음도 두렵지 않습니다. 사명을 다하고 주님을 만날 약속이 있기 때문입니다. 이렇게 하나님을 붙드는 사람이야말로 세상이 감당할 수 없는 믿음을 가진 사람입니다(히 11:38).

부르짖어 기도함

기도에 대한 약속들 중에서 가장 가슴을 뛰게 하는 말씀은 이것입니다. "네가 부를 때에는 나 여호와가 응답하겠고 네가 부르짖을 때에는 내가 여기 있다 하리라"(사 58:9).

사람이 무엇이기에 우리가 부를 때 창조주 하나님께서 응답하시며, 우리가 부르짖을 때 우리 곁에 오십니까? "우리 하나님 여호와께서 우리가 그에게 기도할 때마다 우리에게 가까이하심과 같이 그 신이 가까이함을 얻은 큰 나라가 어디 있느냐"(신 4:7).

하나님께서는 기도하는 자에게 이런 큰 복을 약속하셨습니다. 그러나 모든 기도가 이런 복을 가져오는 것은 아닙니다. 형식적인 기도로는 이런 은혜를 경험할 수 없습니다.

사탄은 우는 사자와 같이 두루 다니며 삼킬 자를 찾고 있습니다(벧전 5:8). 그런 영적 전쟁터에서 형식적으로 중얼거리는 기도로 어떻게 승리를 쟁취할 수 있겠습니까? 우리에게는 좀 더 집중적이고, 좀 더 간절한 기도가 필요합니다.

이사야 선지자는 우리에게 '부르짖으라.'라고 말합니다(사 58:9). '부르짖다.'라고 번역된 히브리어 단어 샤바(שׁוע)는 '큰소리로 도움을 청하다.', '간절하게 요청하다.'라는 의미입니다.[4]

누군가를 큰소리로 부를 때는 그 누군가가 멀리 떨어져 있을 때입니다. 그러나 우리가 하나님께 부르짖는 것은 그런 이유 때문이 아닙니다. 하나님께서는 물리적으로 멀리 계시지도, 가까이 계시지도 않습니다. 따라서 장소적 의미에서는 하나님께 부르짖을 필요가 없습니다. 오히려 마음의 간절함 때문에 부르짖습니다.

영적으로 하나님과 멀리 떨어져 있을 때는 건성으로 기도합니다. 그러나 하나님과 친밀한 관계에 있을 때는 마음을 쏟아 기도합니다. 하나님이 아니면 삶의 위기를 해결할 분이 없고, 이 시련을 벗어날 수 없다는 사실을 깨달을 때 부르짖을 수밖에 없습니다. 그 소원이 너무 간절하기에 부르짖습니다.

그래서 부르짖어 기도할 수 있다는 것은 기도자의 마음이 주님과 매우 가까이 있음을 보여줍니다. 왜냐하면 하나님을 간절히 갈망하는 것은 그분을 가까이 느끼기 때문입니다. 또한 하나님과 더욱 가까이 있고자 하는 갈망이 부르짖어 기도하게 합니다.

하나님께서는 신자에게 생명을 주십니다. 이것은 그리스도 예수를 통

---

[4] Francis Brown, S. R. Driver, Charles A. Briggs, *The Brown-Driver-Briggs Hebrew and English Lexicon: With an Appendix Containing the Biblical Aramaic* (Peabody: Hendrickson Publishers, 2003), 1002-1003.

해 주신 생명입니다. "아들이 있는 자에게는 생명이 있고"(요일 5:12). 이 생명으로 하나님의 자녀다운 삶을 살게 하십니다. 예기치 못할 때에 충만한 생명을 주시기도 합니다. 생명 주심은 전적으로 하나님의 주권에 속한 일이기 때문입니다.

그러나 언제나 기도하게 하신 후에 생명의 부흥을 주십니다. "이제 도저히 내 힘으로는 살 수 없습니다.", "하나님께서 도와주시지 않으면 어찌할 도리가 없습니다."라고 먼저 고백하게 하십니다. 그 절박함 속에서 기도하게 하신 후에 생명을 주십니다.

왜 우리는 하나님께 부르짖지 않는 것일까요? 왜 눈물로 기도하지 않는 것일까요? 아직 자신을 신뢰하기 때문입니다. 아직은 의지할 것이 있기 때문입니다.

하지만 거대한 폭풍과도 같은 현실이 엄습할 때, 그는 자신이 아무것도 아님을 깨닫습니다. 더 이상 자신의 힘으로 살 수 없음을 고백하게 됩니다.

그때 그는 영혼의 모든 시선을 하나님께 고정합니다. 그리고 온 힘을 다해 부르짖어 기도합니다. "여호와여 나의 말에 귀를 기울이사 나의 심정을 헤아려 주소서 나의 왕, 나의 하나님이여 내가 부르짖는 소리를 들으소서 내가 주께 기도하나이다 여호와여 아침에 주께서 나의 소리를 들으시리니 아침에 내가 주께 기도하고 바라리이다"(시 5:1-3).

대신할 수 없는 의무

다른 사람이 우리를 위해 하는 기도도 중요합니다. 우리도 다른 사람을 위해 기도하여야 합니다. 그러나 자신은 기도하지 않고 다른 사람의 기도만을 의지해서는 안 됩니다. 다른 사람의 기도만으로는 살 수 없습니다.

우리는 스스로 부르짖어야 합니다. 그렇게 할 때 하나님께서 응답해 주십니다. 그렇게 할 때 우리가 하나님과의 관계를 가로막았던 죄들을 버리게 됩니다. 이것은 누가 대신할 수 없는 것입니다. "네가 부를 때에는 나 여호와가 응답하겠고 네가 부르짖을 때에는 내가 여기 있다 하리라"(사 58:9).

예수 그리스도를 생각해 보십시오. 그분은 하나님의 아들이셨습니다. 요단강에서 세례를 받으실 때 하늘이 열렸고, 성령이 비둘기같이 임했습니다(마 3:16). 병든 자에게 손을 대면 병이 떠나갔고(마 8:3), 말씀으로 죽은 자를 일으키셨습니다(요 11:43). 그분이 죽으셨을 때, 죽었던 사람들이 살아났고 성전의 휘장은 위로부터 아래로 찢어졌습니다(마 27:51-52).

예수 그리스도께서는 언제나 하나님의 능력을 소유한 분이셨습니다. 그럼에도 제자들이 잠들어 있는 밤에 한적한 곳에서 기도하셨습니다(막 1:35). 광야의 새벽바람을 맞으면서 하나님의 백성과 교회를 위해 간구하셨습니다. 특별한 일이 있을 때는 더 특별히 기도하셨습니다(눅 6:12). 십자가에서 죽으실 때도 기도로 당신의 생애를 마무리하셨습니다(눅 23:46). 하나님의 아들이셨지만 기도 속에서 사셨습니다. 그렇다면 우리는 더욱 기도해야 하지 않겠습니까?

기도의 자리로 나아가라

교회와 신자의 소망은 하나님의 손안에 있는 것입니다. 승승장구하던 사람도 하나님께서 축복의 문을 닫으시면 별수 없습니다. 뛰어난 지식을 가진 사람도 하나님의 관심에서 멀어지면 아무 의미가 없습니다. 하나님께서 나를 인정해 주시고 내가 하나님을 사랑할 때, 비로소 그것들이 의미가 있습니다.

하나님께서 나를 인정해 주셔서 마음에 거룩한 사랑이 가득할 때 그것을 무엇으로 표현하겠습니까? 하나님과의 친밀한 기도가 아닙니까?

우리가 깊이 많이 기도할 때는 하나님을 사랑하던 시기입니다. 하나님과 막힌 것이 없고 화목하던 때입니다.

그때 우리는 십자가의 은혜로 구원받은 것이 늘 신기했습니다. 나 같은 죄인이 성도라 불리는 것이 늘 감사했습니다. 하나님의 사랑은 언제나 과분하였습니다. 늘 울어도 갚을 수 없는 은혜를 누리며 살았습니다. 마음은 순수했고, 우리는 어두운 세상의 빛이었습니다(마 5:14). 그래서 더 쉬지 않고 기도하였습니다.

그런데 어느 사이엔가 우리의 마음이 변했습니다. 기도는 무거운 짐이 되어 버렸습니다. 형식적으로 중얼거리는 짧은 기도로 경건의 의무를 대신하게 되었습니다. 기도하지 않고도 충분히 살아갈 수 있다고 생각하게 되었습니다.

그렇지만 기도는 경건의 가장 훌륭한 표입니다. 이에 대해 조나단 에드워즈(Jonathan Edwards, 1703-1758)는 다음과 같이 말합니다. "진실로 위로부터 난 자가 하나님께 기도하는 것, 그리고 그의 하늘 아버지 앞에 거룩한 간구로 자신의 영혼을 쏟아붓는 것은 자연스러운 일이다. 이는 육신의 본성과 그 생명이 숨을 쉬는 것처럼 새로운 본성과 생명에 자연스러운 일이다."[5]

기도는 하나님과의 관계를 고치는 놀라운 힘이 있습니다. 우리는 간절히 기도할 때 자기 안에 더러운 죄와 감추어진 불결을 봅니다. 그 죄들은 하늘로부터 부어지는 성령의 능력 안에서 죽임을 당합니다. 기도하는 과정을 통해서 심령의 부패함을 씻는 것입니다.

그때 우리는 마음이 새로워지는 것을 경험합니다. 우리 안에 하늘의 생명과 사랑이 풍성해집니다. 그래서 기도는 성령 안에서 우리의 마음을 쇄신케 하는 탁월한 수단입니다. "하나님의 말씀과 기도로 거룩하여짐이라"(딤전 4:5).

---

[5] Jonathan Edwards, "Hypocrites Deficient in the Duty of Prayer," in *The Works of Jonathan Edwards*, vol. 2, ed. Edward Hickman (Edinburgh: The Banner of Truth Trust, 1995), 72-73.

우리는 기도 속에서 하나님과 만납니다. 그리고 기도 속에서 하나님을 만날 때 이 세상을 살아갈 힘을 얻습니다. 그 힘으로 하나님께서 우리를 지으시고 구원하신 목적을 성취해 갑니다. 기도함으로써 어두운 세상에서 하나님의 이름을 위해 살 수 있게 되는 것입니다. 그리고 수많은 난관들도 믿음으로 이기게 됩니다. 이처럼 기도가 아니면 우리는 이 세상에서 그리스도인답게 살 수 없습니다.

그러므로 우리는 기도하지 않고 살아온 날들을 회개해야 합니다. 더러워진 기도의 골방을 회개의 눈물로 닦아 내야 합니다. 성령의 불길로 마음의 더러운 것들을 불태워야 합니다. 그때 우리의 기도는 더욱 능력 있게 될 것입니다.

맺는 말

큰 바람에도 흔들리지 않는 나무는 단지 그 나무가 크기 때문이 아닙니다. 나무의 뿌리가 깊고 넓게 퍼져 있기 때문입니다. 이와 같이 흔들리지 않는 신앙생활은 견고한 기도생활에서 나옵니다. 열렬한 기도는 신자다운 삶의 뿌리입니다.

이 세상 일은 우리 마음대로 되지 않을 때가 많습니다. 그때 우리는 마음대로 되지 않는 현실과 씨름하면서 어떻게든 잘해 보려고 합니다. 그러나 우리의 인생은 하나님의 손안에 있습니다.

그래서 우리는 환경과 씨름하려고 하지 말고 하나님을 붙들려고 노력해야 합니다. 우리의 신앙은 하나님을 얼마나 의지하느냐의 씨름이 되어야 합니다. 그리고 이것은 기도를 통해서 드러납니다.

깊은 기도의 세계 속에서 사는 것이 신자의 가장 큰 재산입니다. 열렬하고 간절한 마음으로 기도하는 사람은 하나님께 있는 모든 것을 받을 수 있기 때문입니다.

나눔 1.

고대의 왕은 절대 권력을 갖고 있었습니다. 모든 사람이 그의 말을 따를 뿐 아니라 그 나라 전체가 그의 것이었습니다. 다윗은 이스라엘 왕이었습니다. 그러나 그는 또 다른 왕을 바라보았습니다. "나의 영혼이 잠잠히 하나님만 바람이여 나의 구원이 그에게서 나오는도다 오직 그만이 나의 반석이시요 나의 구원이시요 나의 요새이시니 내가 크게 흔들리지 아니하리로다"(시 62:1-2).
다윗은 진정한 왕이신 하나님 앞에 한 마리 양에 불과하였습니다(시 23:1). 그래서 목자 되신 하나님을 의지할 수밖에 없었습니다.

여러분은 하나님을 바라보고 있습니까? 하나님을 바라보는 시선이 기도가 되고 있습니까? 혹시 힘든 일이 생길 때 도움을 구하는 용도로만, 필요한 것을 얻기 위한 수단으로만 기도를 사용하지는 않는지 돌아봅시다.

나눔 2.

어떤 사람은 시간이 없어서, 어떤 사람은 마음이 없어서 기도하지 않습니다. 그러면서도 기도에 대한 부담감을 안고 있습니다. 그러나 실제로 기도하지 않으면 능력 있는 삶을 살 수 없습니다. 기도하지 않고도 살 수 있는 마음은 영적으로 병든 상태입니다. 기도하지 않고도 살 수 있다는 사실 자체가 하나님을 의지하지 않고 있음을 방증합니다.

현재 자신의 기도생활을 돌아보십시오. 당신은 기도에 대해 마음만 먹거나 부담만 갖는 것이 아니라 실제로 실천에 옮기고 있습니까? 또한 당신의 기도생활은 열렬하고 지속적인 것입니까?

누구든지 원하는 바가 있기 때문에 기도합니다. 구하는 것을 얻기 위해 간절히 기도합니다. 그런데 간절히 기도할 때 원하는 바를 얻는 것 외에 또 다른 일이 일어납니다. 그리고 그것이 처음 원했던 것보다 더 소중한 것이기도 합니다. 기도의 실천을 통해 우리는 하나님의 응답을 받을 뿐 아니라 영혼이 강해지는 것을 경험합니다. 하나님께서 가까이 계심을 알게 되고 그분의 사랑을 확신하게 됩니다. 그리고 자신이 하나님께 속한 사람임을 알게 됩니다.

제3장

영혼, 기도 속에서 강해짐

내가 간구하는 날에 주께서 응답하시고 내 영혼에 힘을 주어 나를 강하게 하셨나이다 **시 138:3**

시편 138편은 전형적인 찬송시입니다. 시인은 하나님께서 도와주셨기 때문에 시련 가운데 구원받았다고 노래합니다.

그러면서 간절한 기도 속에서 누렸던 특별한 경험을 이렇게 고백합니다. "내가 간구하는 날에 주께서 응답하시고 내 영혼에 힘을 주어 나를 강하게 하셨나이다"(시 138:3).

이 구절은 기도를 강조하면서 흔히 놓치고 있는 중요한 진리를 알려 줍니다. 그것은 열렬하고 지속적인 기도의 실천이 기도자의 영혼을 강하게 한다는 것입니다.

간구하게 하시는 하나님

우리의 모든 날이 하나님께 간구해야 하는 날입니다. 그러나 세상에서 일어나는 다양한 염려와 근심은 기도하지 못하게 합니다. 육신의 안락함을 추구하는 마음은 기도생활을 무너뜨립니다. 세상적인 허영과 사치를 바라는 마음은 우리의 마음이 하나님의 진리에 고정되지 못하도록 합니다. 세상적인 즐거움을 추구하는 열심은 영혼을 방황하게 합니다. 그래서 기도하지 못할 때가 많습니다.

그런데 어느 날, 하나님께 매달리지 않으면 안 될 상황을 만납니다. 그러면 인생의 벼랑 끝에서 기도하지 않을 수 없게 됩니다.

하나님께서는 모든 것을 아시고, 모든 것을 하실 수 있습니다. 그렇지만 필요한 것을 구하라고 하십니다(마 7:7). 마치 주무시는 하나님을 깨워 무엇이 필요한지를 알려 주기를 바라는 것처럼 간구하라고 하십니다. 그것은 하나님께서 우리의 사정을 모르시기 때문이 아닙니다. 우리로 하여금 기도가 주는 유익을 누리게 하기 위함입니다.

시인의 고백에 따르면 기도는 세 가지 유익을 우리에게 줍니다.

응답을 받음

첫째로, 기도를 통해서 필요한 것을 얻습니다. 하나님께서는 우리의 기도에 응답하여 주십니다. "내가 간구하는 날에 주께서 응답하시고"(시 138:3).

주님께서는 우리에게 문제를 주십니다. 그리고 문제 옆에는 그것에 대한 해결책도 있습니다. 그런데 문제와 해결책 사이에는 언제나 기도가 들어갈 자리가 있습니다. 그래서 기도하는 사람들은 아무리 막막한 문제라 하더라고 답을 찾고야 맙니다. 그러나 기도하지 않는 사람에게 문제는 또 다른 문제를 낳을 뿐입니다.

우리는 간절한 기도를 통해서 하나님의 응답을 얻습니다. 우리 앞에 있는 문제는 어쩌면 기도하지 않았기 때문에 여전히 문제로 남아 있는 것인지도 모릅니다. 만약 마음을 모으고 좀 더 간절히 기도했더라면 이미 해결되었을지도 모릅니다. 그러기에 야고보는 얻지 못함은 구하지 아니하기 때문이라고 말합니다(약 4:2).

하나님께서는 기도를 중요하게 여기십니다. 간절하고 끈질긴 기도를 믿음으로 보시기 때문입니다. 예수 그리스도께서는 불의한 재판관과 과부의 비유의 시작을 이렇게 말씀하십니다. "예수께서 그들에게 항상 기도하고 낙심하지 말아야 할 것을 비유로 말씀하여"(눅 18:1).

이 비유는 기도의 교훈으로 시작하였지만 결론은 믿음의 문제로 나아갑니다. "그러나 인자가 올 때에 세상에서 믿음을 보겠느냐"(눅 18:8).

기도는 하나님에 대한 전적인 의존입니다. 하나님의 말씀에 자신의 전 존재를 싣는 고백입니다. 하나님께서 지금도 살아 역사하신다는 사실에 대한 실천적 고백입니다.

그래서 하나님을 진정으로 믿는 사람들만이 간절히 기도할 수 있습니다. 하나님께서 기도를 들으신다는 믿음이 있는 사람들만이 끈질기게 기도할 수 있습니다. 선하신 하나님께서 좋은 것으로 응답해 주실 것이라고 믿는 사람들만이 주님께 매달릴 수 있습니다. 그들만이 기도의 응답을 경험합니다.

가까이 계시는 하나님을 경험함

둘째로, 기도를 통해서 하나님이 가까이 계심을 경험합니다. 마음을 쏟는 기도를 통해 멀리 계시던 것 같은 하나님이 사실은 아주 가까이 계셨음을 알게 됩니다. "여호와께서는 자기에게 간구하는 모든 자 곧 진실하게 간구하는 모든 자에게 가까이하시는도다"(시 145:18).

기도하지 않을 때, 하나님께서는 하늘에 계시고 우리는 그저 땅에 있는 것 같습니다. 하나님께서는 내 삶에 관심이 없으신 것처럼 여겨집니다. 영혼의 침체 속에서 경험하는 소외감과 외로움, 절망이 여기에서 비롯됩니다.

그러나 깊은 기도의 실천 속에서 우리는 하나님이 가까이 계심을 경험하게 됩니다. 이미 내 곁에서 기도에 귀를 기울이고 계셨음을 알게 됩니다(시 5:1).

그래서 진정한 기도 응답은 원하던 것을 얻어 내는 것만이 아닙니다. 가까이하시는 하나님을 경험함으로써 그분을 더 잘 알게 되는 것입니다. 그때 우리를 당신께로 묶는 하나님 사랑을 발견하게 됩니다. "여호와께서 내 음성과 내 간구를 들으시므로 내가 그를 사랑하는도다 그의 귀를 내게 기울이셨으므로 내가 평생에 기도하리로다"(시 116:1-2).

기도 중에 가까이하시는 하나님을 만난 적이 있습니까? 하나님을 만남으로 영혼이 새롭게 되고 있습니까? 가까이하시는 하나님을 만난다면 마음은 하늘의 기쁨으로 가득할 것입니다. 방황하던 삶은 분명한 푯대를 향하여 갈 것입니다. 우리도 하나님을 더욱 사랑하게 될 것입니다.

하나님을 가까이하는 것이 성도의 가장 큰 복입니다(시 73:28). 하나님께서는 만복의 근원이시기 때문입니다. 만약 세상이나 세상에 있는 것들을 행복의 조건으로 여긴다면, 끊임없는 불안과 염려에 시달릴 것입니다. 오늘 갖고 싶은 것을 얻지 못할 수 있기에, 또 지금 누리고 있는 것을 미래에 빼앗길지도 모르기 때문입니다.

그래서 인간 불행의 원인은 하나님 이외의 것에서 복을 누리려는 마음입니다. 시인의 고백과 같이 사모할 이는 하나님밖에 없고(시 73:25), 모든 행복은 그분과의 관계로부터 옵니다(시 73:28).

영혼에 힘을 얻음

셋째로, 기도를 통해서 영혼에 힘을 얻습니다. 시인은 하나님께서 기도를 통해서 자신의 영혼을 강하게 하셨다고 말합니다. "내 영혼에 힘을 주어 나를 강하게 하셨나이다"(시 138:3).

여기서 '나를 강하게 하셨나이다.'라고 번역된 히브리어는 **타르히베니**(תַּרְהִבֵנִי)인데, 이 중에 '강하게 하다.'에 해당하는 히브리어 동사 **라하브**(רָהַב)는 '굳세게 하다.', '튼튼하게 하다.', '담대하게 하다.', '확신에 차게 하다.'라는 뜻입니다.[6] 이는 기도의 실천 속에서 하나님께서 시인의 마음을 튼튼하게 하셨음을 보여줍니다. 이것은 육체가 지속적인 훈련을 통해서 강하게 되는 것과 유사합니다.

이에 대해 E. M. 바운즈(E. M. Bounds, 1835-1913)는 이렇게 말합니다. "장기간의 끈질긴 기도만큼 인간의 영혼에 활력과 영원한 생명력을 부여하는 것은 없다."[7]

인간은 육체와 영혼으로 이루어져 있습니다. 우리에게는 육체의 힘이 필요합니다. 몸에 힘이 없다면 마음으로 어떤 일을 해야 한다고 결심해도 실행할 수 없을 것입니다.

---

[6] William L. Holladay, *A Concise Hebrew and Aramaic Lexicon of the Old Testament* (Leiden: E. J. Brill, 1971), 333.
[7] 웨슬리 듀웰, 『기도로 세계를 움직이라』, 김지찬 역 (서울: 생명의말씀사, 1997), 218.

영혼도 그러합니다. 세상을 살아갈 때 우리의 정신은 많은 에너지를 필요로 합니다. 영혼에 힘이 없으면 주체적인 삶을 살 수 없습니다. 슬픈 일이 생기면 그저 슬퍼하고 어려운 일을 만나면 이내 절망합니다. 절제를 잊고 탐욕에 빠지기 쉽습니다. 분노에 휘둘려 일을 그르치기도 합니다. 그러면 삶은 요동하고, 마음은 행복하지 못합니다. 그래서 우리 영혼에는 흔들리지 않고 올바른 삶을 살아가게 하는 힘이 필요합니다.

강한 영혼과 선한 의지

'강하다.'라는 것은 상대적인 개념입니다. 하나만 있을 때는 그것이 강한 것인지 약한 것인지 알 수 없습니다. 유리가 쇠보다 약하다는 사실을 이 둘을 부딪쳐 유리가 깨어지는 것을 보고 압니다. 다시 말해 '강하다.'라는 것은 힘을 행사해야 할 대상을 염두에 둔 것입니다.

하나님의 자녀에게는 육체의 욕심대로 살고 싶은 마음도, 하나님의 뜻대로 살고 싶은 마음도 있습니다. 이 두 마음이 한 사람 안에서 갈등합니다(롬 7:21-23).

때로 이 갈등은 너무 무겁고, 그 완성은 멀게 느껴집니다. 내 생각대로 살고 싶은 마음이 너무 커져 버릴 때도 있습니다. 그러면 하나님을 위해 살고 싶은 마음이 없는 것 같습니다.

그러나 신자의 내면에는 언제나 하나님의 뜻을 위해 살고 싶은 마음이 있습니다. 세상에서 오는 그 어떤 유혹과 압력에도 불구하고 그것을 거슬러 하나님의 뜻대로 살겠다는 선한 의지가 있습니다. 그리고 은혜에 힘입어 이 의지를 따르는 영혼이 강한 영혼입니다.

시인은 하나님께서 기도에 응답해 주시는 것을 경험하였습니다. 그뿐만 아니라 그의 영혼을 강하게 하시는 것을 경험하였습니다. 그래서 환경에 흔들리지 않는 굳건한 삶을 살게 되었습니다.

이 '영혼의 강함'은 하나님의 은혜가 역사한 결과입니다. 은혜의 힘 때문에, 하나님의 뜻대로 살아가려는 정신과 마음의 힘이 자기 마음대로 살고자 하는 욕망을 눌러 이기는 것입니다.

변함없이 하나님을 섬기며 사는 비결은 한결같이 강한 영혼입니다. 한때 하나님만을 위해 충성스럽게 살던 사람도 어느 한순간에 쓰러지는 것을 많이 봅니다. 형편이 좋을 때는 하나님을 사랑한다고 말하던 사람이 어려운 일을 만나자 신앙을 떠나기도 합니다. 이는 모두 그들의 영혼이 약했기 때문이 아닙니까?

영혼이 아름다운 사람을 사랑함

사람들은 세상에서 다양한 모습으로 살아갑니다. 부유하게도 혹은 가난하게도 삽니다. 그러나 그것은 삶의 양상일 뿐입니다. 삶의 본질적인 의미는 다른 데 있습니다.

한 사람의 가치는 그의 사회적 지위나 육체의 젊음에 달린 것이 아닙니다. 사람의 본질적 가치는 영혼에 있습니다. 인간의 아름다움은 영혼의 아름다움에 달려 있습니다. 영혼이 아름다운 사람은 의지가 선한 사람입니다.

보디발은 애굽의 저명한 인사였고, 왕을 호위하며 권력을 누리던 사람이었습니다. 그러나 하나님께서는 그 사람을 보지 않으셨습니다. 그 집 마당에서 청소하는 히브리 종, 요셉을 주목하셨습니다. 그 종 때문에 하나님께서는 보디발의 집에 복을 베푸셨고, 애굽에 복을 내리셨습니다(창 39:1-5).

다윗은 양 떼를 지키던 소년에 불과하였습니다(삼상 17:34-35). 그러나 그는 하나님을 사랑하던 사람이었습니다. 하나님의 이름의 영광을 사모하는 마음이 가득한, 영혼이 아름다운 사람이었습니다(삼상 17:45). 그가 이스라엘 왕이 될 수 있었던 것은 아름다운 영혼의 소유자였기 때문입니다. 그에게 가장 중요한 것은 하나님과의 관계였습니다. 그래서 그는 이스라엘의 왕이었음에도 불구하고 온 세상의 왕이신 하나님을 바라보았습니다(시 5:2).

하나님께서는 외모를 보지 않으십니다. 속사람을 살펴보십니다(삼상 16:7). 그래서 하나님께서는 영혼이 아름다운 자를 사랑하십니다.

'영혼이 아름답다.'라는 것은 두 가지 의미입니다. 첫째로, 영혼으로서의 완전성을 가지고 있다는 의미입니다. 곧 창조의 목적을 따라 살고자 하는 힘과 경향성으로 영혼이 가득 차 있을 때 그 영혼은 아름답습니다.[8] 둘째로, 하나님과 올바른 관계를 맺고 있다는 의미입니다. 곧 영혼의 아름다움은 하나님과의 사랑의 관계 안에서 인간을 사랑할 뿐만 아니라 자연 세계를 선의(善意)로 대하는 것으로 나타납니다.

이 두 가지를 바탕으로 생각하면 영혼의 아름다움은 선(善)으로 나타난다는 것을 알 수 있습니다. 선함과 아름다움은 사물의 존재 원리입니다. 선은 하나님의 목적과 관련이 있고, 아름다움(美)은 하나님의 기쁨과 관계됩니다.

하나님께서 세상을 창조하셨을 때 모든 만물이 선했습니다. 이는 하나님의 창조 목적을 따랐기 때문입니다. 그리고 창조된 만물이 하나님 보시기에 좋을 만큼 아름다웠습니다(창 1:31). 이 역시 창조된 만물이 하나님께 기쁨이 되었기 때문입니다. 이처럼 선하다는 것과 아름답다는 것은 따로 떼어놓아 설명할 수 있는 것이 아닙니다.

인간이 선한 것을 추구할 때 영혼은 아름답습니다. 완전한 선은 하나님 자신이기 때문입니다. 아름다운 영혼은 하나님께 기쁨이 됩니다. 하나님 자신이 모든 아름다움의 원천이시기 때문입니다.

좋은 사람이 누구입니까? 그는 최고선(最高善)을 알고 그것을 아름답게 여기는 사람입니다. 선한 것을 아름답게 여기고, 악한 것을 더럽게 느끼

---

8 김남준, 『교회와 하나님의 사랑』(서울: 익투스, 2019), 98-102.

며 살아가는 사람이 좋은 사람입니다.

하나님께서는 이런 사람들의 기도에 귀 기울이십니다. 또한 간절한 기도의 실천 속에서 당신의 은혜로 그런 사람이 되어 가게 하십니다.

기도로 영혼이 강해짐

선한 것을 추구하는 의지가 영혼의 강함을 반영합니다. 영혼의 강함은 선한 의지의 크기로 나타납니다. 그 어떤 시련에도 좌절하지 않고, 어떤 유혹 앞에서도 흔들리지 않고 하나님을 추구하는 영혼이 강한 영혼입니다. 그런데 하나님께서는 기도를 통해서 이 영혼의 강함을 이루십니다.

기도는 영혼의 움직임입니다. 간절히 기도할 때 영혼은 활발히 움직입니다. 온 마음을 다해 기도할 때 마음은 진액을 짜내는 듯한 과정을 경험합니다. 그러면 평소에 다뤄지지 않던 것들이 우리 앞에 드러납니다. 마음 안에 숨어 있던 욕망들이 기도 속에서 드러납니다. 우리 안에 감추어졌던 죄들이 밝히 드러납니다.

기도 중에 공급받는 영적 생명은 우리 마음 안에서 악한 것들을 죽입니다. 그 안에 성령께서 역사하시기 때문입니다. 그 과정을 통해서 우리 안의 죄는 그리스도와 함께 죽고, 새 생명은 그리스도와 함께 살아납니다. 2,000년 전에 있었던 그리스도의 십자가의 죽음이 실재화(實在化)하여 죄에 대해 죽고 부활의 능력이 현재적으로 경험됨으로써 우리는 그리스도와 함께 다시 살아나게 됩니다. 죄에 대해서는 죽고, 하나님에 대해서는 산 자가 됩니다(롬 6:11).

그때 우리의 영혼은 힘과 원기를 얻게 됩니다. 순전한 사랑으로 하나님만 사랑하게 되기 때문입니다.

하나님을 사랑하는 자는 그분의 뜻도 사랑합니다. 하나님께서 선하게 보시는 것을 자신도 좋게 여깁니다. 하나님께서 아름답게 여기시는 것을 자신도 아름답게 여겨 추구합니다. 이러한 마음은 하나님의 일을 열심으로 사모하게 합니다. 이처럼 우리는 기도를 통해서 영혼의 아름다움을 회복하고 강한 영혼이 됩니다.

맺는 말

산 정상에서 내려다보는 광경이 좋아서 등산하는 사람들이 있습니다. 그들이 산에 오르는 이유는 산 아래 경치를 감상하는 것이 기쁘기 때문입니다. 그런데 꾸준히 산에 오르게 되면 건강을 부수적으로 얻게 됩니다. 이렇게 얻은 건강은 풍광이 주는 즐거움 못지않게 좋은 것입니다.

기도도 마찬가지입니다. 누구든지 원하는 바가 있기 때문에 기도합니다. 구하는 것을 얻기 위해 간절히 기도합니다. 그런데 간절히 기도할 때 원하는 바를 얻는 것 외에 또 다른 일이 일어납니다. 그리고 그것이 처음 원했던 것보다 더 소중한 것이기도 합니다.

기도의 실천을 통해 우리는 하나님의 응답을 받을 뿐 아니라 영혼이 강해지는 것을 경험합니다. 하나님께서 가까이 계심을 알게 되고 그분의 사랑을 확신하게 됩니다. 그리고 자신이 하나님께 속한 사람임을 알게 됩니다.

"야곱아 너를 창조하신 여호와께서 지금 말씀하시느니라 이스라엘아 너를 지으신 이가 말씀하시느니라 너는 두려워하지 말라 내가 너를 구속하였고 내가 너를 지명하여 불렀나니 너는 내 것이라"(사 43:1).

마음을 돌이켜 하나님만 사랑하는 사람을 하나님께서 어찌 주목하시지 않겠습니까? 그가 원하는 뜻이 있다면 그것은 선한 것일 터이니 곧 하나님의 뜻에 부합할 것입니다. 그러니 어찌 그의 간구하는 바를 들어주시지 않겠습니까? 그의 길을 어찌 형통하게 하시지 않겠습니까? 간절한 기도는 이렇게 우리의 인생을 바꾸어 놓습니다.

"너희가 내 안에 거하고 내 말이 너희 안에 거하면 무엇이든지 원하는 대로 구하라 그리하면 이루리라"(요 15:7).

God
Who Is
There
and
Answers
Me

나눔 1.

선하신 하나님께서는 우리에게 좋은 것을 주십니다. 온갖 좋은 은사와 온전한 선물이 빛들의 아버지에게서 옵니다. 그러나 나빠 보이는 일들이 생기는 것도 사실입니다. 기도했음에도 불구하고 나빠 보이는 일이 일어날 때 우리는 하나님을 선하신 분이라고 생각하기 어렵습니다. 이 일이 얼마나 안타까운지 야고보는 이렇게 말합니다. "내 사랑하는 형제들아 속지 말라 온갖 좋은 은사와 온전한 선물이 다 위로부터 빛들의 아버지께로부터 내려오나니 그는 변함도 없으시고 회전하는 그림자도 없으시니라"(약 1:16-17).

기도했음에도 불구하고 나빠 보이는 일들이 생길 때, 어떻게 하나님의 사랑을 확신할 수 있을지 나누어 봅시다.

나눔 2.

참으로 아름다운 사람은 영혼이 아름다운 사람입니다. 그러나 많은 사람들이 그렇게 생각하지 않습니다. 넓은 집이, 좋은 직장이, 아름다운 외모가, 놀라운 재능이 자신을 아름답게 한다고 생각합니다. 그리하여 그것들을 얻기 위해 노력합니다. 그것을 인생의 목적으로 삼습니다. 하지만 영원하지 않은 것을 위해 영원한 것을 희생하는 것만큼 어리석은 일은 없습니다. 우리는 마땅히 영원한 것을 추구하여야 합니다.

영혼의 아름다움에 관심이 있습니까? 영혼은 하나님께로 가까이 감으로써 아름다움을 회복합니다. 시인은 이렇게 노래합니다. "하나님께 가까이함이 내게 복이라"(시 73:28). 하나님을 가까이하기 위한 구체적인 방법은 무엇이 있을지 나누어 봅시다.

제2부 ──────── 신자와 기도생활

God
Who Is
There
and
Answers
Me

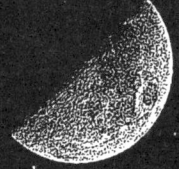

무너져야 세울 수 있습니다

모든 사람은 자기 나름대로의 생각의 틀 안에서 살아갑니다. 하나님이 누구이시고, 세상이 무엇인지에 대한 관점을 가지고 있습니다. 이 세상을 어떻게 살아야 하는지에 대한 인생관도 가지고 있습니다.

말씀만 우리 안에 사상을 세우는 것이 아닙니다. 세상도 우리 안에서 생각의 체계를 만듭니다. 어떤 때는 유교 사상이, 또는 합리주의가, 살아온 경험이, 대중 매체를 통해 알게 된 것들이 쌓여 관점을 형성합니다. 그리고 우리는 그것으로 세상을 바라봅니다.

우리는 기도도 그렇게 배웠습니다. 우리의 기도는 성경에서 가르치는 것이 아닐 때가 많습니다. 인간의 열심으로 하나님을 꺾으려 할 때도 있고, 육체의 열정으로 영혼의 간절함을 대신하기도 합니다. 중언부언할 때도 있습니다. 무조건 믿으면 된다는 식으로 자기 암시를 걸기도 합니다. "하나님, 이 문제는 이렇게 해결해 주셔야 합니다."라고 주님께 모범 답안을 제시하기도 합니다.

신앙의 오류는 하나님에 대한 무지에서 생겨납니다. 오류와 오류에 대한 잘못된 고집은 말씀 앞에 무너져야 합니다. 무너지지 않으면 새것을 세울 수 없습니다. 우리 안에 잘못 세워진 것들이 완전히 무너진 후에야 새것을 세울 수 있습니다. "보라 내가 오늘 너를 여러 나라와 여러 왕국 위에 세워 네가 그것들을 뽑고 파괴하며 파멸하고 넘어뜨리며 건설하고 심게 하였느니라 하시니라"(렘 1:10).

올바른 기도가 무엇인지를 배워야 합니다. 성경이 말하는 올바른 기도가 무엇인지에 대해 귀를 기울여야 합니다. 그렇지만 기도를 배우는 이유는 원하는 바를 보다 효율적으로 얻기 위해서가 아닙니다.

예수님께서 가르쳐 주신 기도를 보십시오. 주기도문은 하나님이 어떤 분이신지에 대한 가르침으로 가득합니다. "그러므로 너희는 이렇게 기도하라 하늘에 계신 우리 아버지여 이름이 거룩히 여김을 받으시오며 나라가 임하시오며 뜻이 하늘에서 이루어진 것같이 땅에서도 이루어지이다 오늘 우리에게 일용할 양식을 주시옵고 우리가 우리에게 죄 지은 자를 사하여 준 것같이 우리 죄를 사하여 주시옵고 우리를 시험에 들게 하지 마시옵고 다만 악에서 구하시옵소서 (나라와 권세와 영광이 아버지께 영원히 있사옵나이다 아멘)"(마 6:9-13).

우리가 기도를 배워야 하는 이유는 하나님이 어떤 분이신지를 알기 위함입니다. 기도생활은 하나님의 마음을 알아 가는 과정입니다. 나의 마음을 하나님의 마음에 합하게 하는 시간들입니다. 우리는 하나님을 통해 기도를 배우고, 기도를 통해 하나님을 알아 갑니다.

그래서 하나님을 아는 지식은 우리를 더욱더 깊은 기도의 세계로 인도합니다. "우리가 여호와를 알자 힘써 여호와를 알자 그의 나타나심은 새벽빛같이 어김없나니 비와 같이, 땅을 적시는 늦은 비와 같이 우리에게 임하시리라 하니라"(호 6:3).

우리는 기도 속에서 하나님과의 친밀한 교제를 맛봅니다. 하나님과의 생생한 만남을 경험합니다.

이런 경험을 한 사람들만이 세상을 이길 힘을 하늘로부터 공급받습니다. 하늘의 기쁨과 위로가 무엇인지를 알 수 있습니다. 그리고 참된 복이 세상에서의 번영이 아니라 하나님을 가까이함임을 진정으로 알게 됩니다. "하나님께 가까이함이 내게 복이라 내가 주 여호와를 나의 피난처로 삼아 주의 모든 행적을 전파하리이다"(시 73:28).

자신의 삶과 철저히 씨름하지 않는 사람들의 기도는 열렬할 수 없습니다. 하나님을 향한 치열한 삶은 열렬한 기도와 함께 갑니다. '삶 따로, 기도 따로'는 없습니다. 사는 것만큼 기도하고, 기도하는 것만큼 삽니다. 삶을 능가하는 기도도, 기도를 능가하는 삶도 없습니다. 기도하기 어렵기에 사는 것이 힘들고, 사는 것이 힘들기에 기도하기 어려운 것입니다. 삶의 개혁 없이 열렬한 기도는 지속될 수 없습니다.

제4장   기도와 순종

삶의 개혁 없이 기도 회복은 없다

그리하면 네 빛이 새벽같이 비칠 것이며 네 치유가 급속할 것이며 네 공의가 네 앞에 행하고 여호와의 영광이 네 뒤에 호위하리니 네가 부를 때에는 나 여호와가 응답하겠고 네가 부르짖을 때에는 내가 여기 있다 하리라   **사 58:8-9**

우리는 구약의 제사에서 특이한 점을 발견합니다. 그것은 하나님 앞에서 제물과 헌제자가 나뉘지 않는다는 것입니다. 그것이 분리되면 제물은 뇌물이 됩니다. 하나님께서는 뇌물을 받으시는 분이 아닙니다(신 10:17).

하나님께서는 제물과 함께 그것을 바치는 헌제자가 어떠한 사람인지를 보십니다. 이는 성경에 기록된 첫 제사에서도 나타납니다. "가인은 땅의 소산으로 제물을 삼아 여호와께 드렸고 아벨은 자기도 양의 첫 새끼와 그 기름으로 드렸더니 여호와께서 아벨과 그의 제물은 받으셨으나 가인과 그의 제물은 받지 아니하신지라"(창 4:3-5).

하나님께서는 아벨과 그의 제물을, 가인과 그의 제물을 하나로 보셨습니다. 아벨의 사람됨과 삶이 하나님께 받아들여지니 그의 제물도 받아들여졌습니다. 그러나 가인의 사람됨과 삶이 하나님께 열납되지 않으니 그의 제물도 받아들여지지 않았습니다.

이 공식은 기도와 기도자의 관계에도 적용됩니다.

기도와 기도자

이스라엘은 절기를 따라 제사를 드리고 금식을 하였습니다. 그런데 하나님께서는 그들의 금식을 돌아보지 않으셨습니다. 이스라엘은 그 이유를 묻습니다. "우리가 금식하되 어찌하여 주께서 보지 아니하시오며 우리가 마음을 괴롭게 하되 어찌하여 주께서 알아주지 아니하시나이까"(사 58:3).

이사야 선지자는 하나님께서 이스라엘의 금식을 받아들이시지 않는 이유를 그들의 존재가 하나님께 열납되지 못했기 때문이라고 말합니다. "보라 너희가 금식하는 날에 오락을 구하며 온갖 일을 시키는도다 보라 너희가 금식하면서 논쟁하며 다투며 악한 주먹으로 치는도다 너희가 오늘 금식하는 것은 너희의 목소리를 상달하게 하려는 것이 아니니라 이것이 어찌 내가 기뻐하는 금식이 되겠으며 이것이 어찌 사람이 자기의 마음을 괴롭게 하는 날이 되겠느냐 그의 머리를 갈대같이 숙이고 굵은 베와 재를 펴는 것을 어찌 금식이라 하겠으며 여호와께 열납될 날이라 하겠느냐"(사 58:3-5).

우리는 하나님과 이스라엘의 논쟁 가운데서 기도 응답의 원리를 봅니다. 그것은 삶과 일치하지 않는 기도는 능력을 발휘하지 못한다는 것입니다. 그리고 이것은 기도와 기도자가 분리될 수 없음을 보여줍니다.

신자에게 가장 견디기 힘든 일은 기도해도 응답되지 않는 것입니다. 환난과 시련이 있고, 마음은 기도할 때라고 말합니다. 그래서 기도합니다. 그런데 기도해도 응답이 없습니다. 마치 벽 앞에서 기도하는 것만 같습니다.

상황이 좀 나아지겠지라는 기대감을 갖지만 현실은 변하지 않을 때가 있습니다. 그때 신자는 고통 속에서 낙담하게 됩니다.

하나님께 받아들여지지 않는 기도는 그저 소리일 뿐입니다. 청산유수와 같이 기도한다고 할지라도 기도의 영광은 거기에 있지 않습니다. 기도의 꽃은 기도가 응답되는 것입니다. 기도에 있어서 그것보다 더 가치 있는 일은 없습니다.

응답받는 기도야말로 그리스도인의 최고의 재산입니다. 응답을 받으며 한 걸음씩 걸어온 사람들은 하나님께서 자신을 인도하셨음을 확신합니다. 하나씩 응답되는 기도가 징검다리의 돌이 되어 하나님의 뜻이 이루어졌음을 보기 때문입니다.

또한 그는 압니다. 지금 최선의 환경 가운데 있다 하더라도 기도하지 않는다면 최악의 상황이 될 것이며, 최악의 상황에 있다 하더라도 기도한다면 최선의 상황이 될 것이라는 사실을 말입니다.

그런데 이사야 선지자는 말합니다. "네가 부를 때에는 나 여호와가 응답하겠고 네가 부르짖을 때에는 내가 여기 있다 하리라"(사 58:9).

'내가 여기 있다.'라는 말은 하나님께서 애정 어린 마음으로 우리를 바라보실 뿐만 아니라 우리의 간구에 기꺼이 응답하실 준비가 되셨음을 의미합니다. 이 약속은 기도하는 사람에게 최고의 소식입니다. 그렇다면 하나님께서는 어떤 사람의 기도에 "내가 여기 있다."라고 말씀하실까요?

누가 기도하는가

싫어하는 사람이 주는 선물은 우리를 기쁘게 하지 못합니다. 우리에게 기쁨을 주는 선물은 사랑하는 사람이 마음을 담아 주는 것입니다. 이것을 기도에 적용해 보십시오. 하나님께서 기뻐하시는 기도는 당신이 기뻐하는 사람이 드리는 기도입니다.

하나님께서는 기도하는 모든 사람에게 "내가 여기 있다."라고 하지 않으십니다. 기도 제목보다 더 중요한 것은 기도자가 누구이냐는 것입니다. 기도가 어떠한가는 그 사람이 누구인지에 의해 결정됩니다.

하나님을 사랑하는 사람은 하나님께 인정받는 기도를 드립니다. 그러나 하나님을 사랑하지 않는 사람은 그분이 기뻐하실 만한 기도를 하지 못합니다. 여기서 우리는 기도와 함께 기도자가 변화되어야 함을 깨닫습니다.

엘리야 선지자가 이러한 사실을 보여줍니다. 하나님께서는 이스라엘 땅에 수년 동안 비도 이슬도 내리지 않을 것을 예고하셨습니다(왕상 17:1). 많은 사람들이 비가 오기를 기도하였을 것입니다. 수많은 제사가 드려졌을 것입니다. 그러나 다른 사람들의 기도는 하나님의 관심을 끌 수 없었습니다.

오직 한 사람 엘리야의 기도만이 하나님의 시선을 붙잡았습니다. 이유가 무엇입니까? 엘리야는 다른 사람들과 달랐기 때문입니다. "의인의 간구는 역사하는 힘이 큼이니라 엘리야는 우리와 성정이 같은 사람이로되 그가 비가 오지 않기를 간절히 기도한즉 삼 년 육 개월 동안 땅에 비가 오지 아니하고 다시 기도하니 하늘이 비를 주고 땅이 열매를 맺었느니라"(약 5:16-18).

그러므로 기도 하나만 잘 하려고 하는 시도는 올바른 것이 아닙니다. 단지 기도만으로는 하나님을 감동시킬 수 없습니다. 긴 시간 나의 몸을 괴롭게 하면 하나님께서 나의 기도를 들어주실 것이라는 기대도 헛된 것입니다.

우리 자신이 하나님께 기쁨이 되어야 합니다. 우리의 존재 자체가 하나님의 즐거움이 되어야 합니다. 그때 하나님께서는 우리의 기도를 기뻐 받으십니다.

삶으로 기쁘시게 하라

기도하는 사람에게도 어려운 일은 생길 수 있습니다. 그러나 그에게는 희망이 있습니다. 하나님께서 그의 기도에 귀 기울이고 함께하실 것이기 때문입니다.

그런데 이런 기도의 특권을 누리며 사는 사람은 소수입니다. 이는 많은 사람이 삶에서 실패하고 있기 때문입니다. 자신의 삶과 철저히 씨름하지 않는 사람들의 기도는 열렬할 수 없습니다. 하나님을 향한 치열한 삶은 열렬한 기도와 함께 갑니다.

세례 요한은 세례를 받으러 나아오는 사람들에게 하나님의 진노가 임했음을 선포했습니다. 그 말을 들은 사람들은 "그러면 우리가 무엇을 하리이까"(눅 3:10)라고 묻습니다.

이에 대해 요한은 이렇게 답합니다. "옷 두 벌 있는 자는 옷 없는 자에게 나눠 줄 것이요 먹을 것이 있는 자도 그렇게 할 것이니라……부과된 것 외에는 거두지 말라……사람에게서 강탈하지 말며 거짓으로 고발하지 말고 받는 급료를 족한 줄로 알라"(눅 3:11-14).

이 구절은 착한 행위로 구원받을 수 있음을 말하는 것이 아닙니다. 참된 회개는 삶의 변화를 가져온다는 것입니다. 하나님을 만난 사람은 거룩한 삶을 살게 된다는 뜻입니다.

이것은 기도에도 적용됩니다. '삶 따로, 기도 따로'는 없습니다. 사는 것만큼 기도하고, 기도하는 것만큼 삽니다. 삶을 능가하는 기도도, 기도를 능가하는 삶도 없습니다. 기도하기 어렵기에 사는 것이 힘들고, 사는 것이 힘들기에 기도하기 어려운 것입니다.

이스라엘 사람들은 종교적인 의식을 행하며 살았습니다. 제사도 드렸고, 금식도 했습니다. 그러나 그것은 하나님께 열납될 수 없었습니다. 왜냐하면 그것을 행하는 사람의 삶이 그것에 일치하지 못했기 때문입니다.

이에 대해 이사야 선지자는 형식적인 신앙생활을 타파하고 진실한 영적 생활을 할 것을 요구합니다(사 58:1-7). 형식적이 되어 가는 삶에 대해 개혁과 결단을 촉구합니다(사 58:3-4).

하나님께서는 당신이 기뻐하는 사람의 기도에 귀를 기울이십니다. 하나님께서 기뻐하시는 사람은 말을 잘하는 사람이 아닙니다. 하나님께서는 내면을 보십니다(삼상 16:7). 중심으로 당신을 사랑하는지를 보십니다.

하나님을 사랑하는 사람은 하나님의 뜻도 사랑합니다(요 14:21). 그래서 그는 자신의 삶으로 하나님의 뜻을 이루고자 합니다. 그는 하나님께서 기뻐하시는 길을 걷는 사람입니다. 하나님께서 당신이 기뻐하시는 삶을 사는 자의 기도를 어찌 들어주시지 않겠습니까?

사랑하는 자의 기도를 들으심

많은 사람들이 기도합니다. 그러나 삶의 목표를 하나님을 기쁘시게 하는 데 두지 않습니다. 오히려 자신을 만족시키는 데 둡니다. 그래서 어떤 행동을 할 때 어느 선까지가 도덕적으로 용납될 수 있을지를 묻습니다. "담배를 피우는 것이 죄입니까?", "술을 마시는 것이 죄입니까?"

우리의 행위 기준은 죄를 짓지 않는 것이 아닙니다. 우리의 기준은 하나님께서 기뻐하시는 삶을 사는 데 있습니다(요일 3:22).

우리는 하나님의 말씀을 따라 살지 않으면서 많은 핑곗거리를 댑니다. 연약하기 때문에, 어려운 환경 때문이라고 말합니다. 그러나 그 모든 변명의 뿌리를 파고 들어가면 하나의 결론에 도달합니다. 그것은 우리 안에 하나님을 향한 사랑이 없다는 것입니다. "나의 계명을 지키는 자라야 나를 사랑하는 자니 나를 사랑하는 자는 내 아버지께 사랑을 받을 것이요 나도 그를 사랑하여 그에게 나를 나타내리라"(요 14:21).

신앙에서 순종의 문제는 사랑과 연관됩니다. 세상도 사랑하고 하나님도 사랑하는 사람은 순종할 수 없습니다. 그러나 하나님만 사랑하는 사람은 그분의 말씀을 지킵니다. 한 사람이 주님을 사랑하면 그 사랑은 반드시 온전한 삶을 살고자 하는 몸부림으로 나타납니다. 사랑에는 사랑하는 대상을 기쁘게 하고 싶어하는 성향이 있기 때문입니다. 그래서 주님을 사랑하는 사람은 그분이 기뻐하시는 삶을 살고 싶어합니다.

그래서 사랑이야말로 모든 율법과 선지자의 강령입니다(마 22:40). 하나님께서 주신 수많은 계명과 삶의 규칙들이 하나님을 사랑하고 이웃을 사랑하는 삶 안에서 온전히 빛을 발하기 때문입니다.

하나님의 한없는 사랑을 한 몸에 받으며 사는 사람, 주님을 너무 사랑하기 때문에 온전히 순종하고자 하는 사람, 그들은 기도 속에서 하나님을 만나고 응답을 받습니다. 그리고 이것이 신자가 기도로 승리하며 사는 비결입니다.

온전한 순종을 바라심

죄는 마음에 들어오자마자 우리와 하나됩니다. 진리의 빛을 떠난 마음의 어둠은 죄에 은신처를 제공합니다. 그래서 남의 죄는 잘 보여도 자신의 죄는 잘 보이지 않습니다. "어찌하여 형제의 눈 속에 있는 티는 보고 네 눈 속에 있는 들보는 깨닫지 못하느냐"(마 7:3).

우리는 항상 말씀의 빛 앞에서 자신을 정직하게 돌아보아야 합니다. 습관적인 악(惡), 대수롭지 않게 생각하는 죄(罪), 몸에 밴 불순종이 없는지 말씀으로 비추어야 합니다.

하나님의 말씀은 마음을 밝게 비춥니다. 그래서 자신의 더러움과 부족함을 하나님 앞에서 인정하게 합니다. 거기엔 회개의 고통이 있지만 사망에서 돌이켜 생명으로 나아가게 합니다. "좁은 문으로 들어가라 멸망으로 인도하는 문은 크고 그 길이 넓어 그리로 들어가는 자가 많고 생명으로 인도하는 문은 좁고 길이 협착하여 찾는 자가 적음이라"(마 7:13-14).

그러나 죄를 뉘우쳤다고 해서 모든 것이 끝난 것은 아닙니다. 회개를 삶으로 실천해야 합니다. 실제 삶에서 악을 버리고 선을 따라 살아야 합니다. 말씀을 많이 아는 것과 말씀대로 사는 것은 별개입니다. 말씀에 대한 순종은 우리의 실제적인 삶을 요구합니다.

충성스럽게 산 사람의 간증을 듣고 감동받는 것과 자신이 충성스럽게 사는 것은 다릅니다. 전도하라고 하면 전도 세미나에 참석하고, 기도하라고 하면 기도에 관한 책을 읽는 것으로 만족해서는 안 됩니다. 실제로 기도하지 않으면 자신에게 유익이 없습니다.

기도할 때 하나님께서 "내가 여기 있다."라고 말씀해 주시면 좋겠다고 상상만 하지 마십시오. 실제로 마음을 다하여 간절히 기도하십시오. 삶으로 기도의 진실성을 입증해야 합니다.

그래서 성경은 거짓된 경건으로는 하나님을 기쁘시게 할 수 없다고 말합니다. 먼저 하나님 앞에 올바른 삶을 살라고 말합니다. "이것이 어찌 내가 기뻐하는 금식이 되겠으며 이것이 어찌 사람이 자기의 마음을 괴롭게 하는 날이 되겠느냐 그의 머리를 갈대같이 숙이고 굵은 베와 재를 펴는 것을 어찌 금식이라 하겠으며 여호와께 열납될 날이라 하겠느냐"(사 58:5).

하나님 앞에 대충 살겠다는 생각으로는 삶을 고칠 수 없습니다. 하나님께서는 당신의 백성답게 살아가려고 몸부림치는 사람들의 기도에 응답하십니다. 쉬운 부분만 고치고 힘든 부분은 불순종하는 반쪽짜리 삶으로는 하나님을 기쁘시게 할 수 없습니다(렘 11:7-8). 하나님께서 원하시는 것은 온전한 순종입니다(삼상 15:22).

무엇을 말씀하시든지 자신의 삶의 모든 방면에서 즉각적으로 순종하려는 마음이 있어야 합니다. 우리 스스로는 완전함에 이를 수 없습니다. 그러나 그것을 목표로 살아가야 합니다. 활을 쏘는 모든 사람이 과녁의 정중앙을 맞추는 것은 아니지만, 궁수는 언제나 과녁의 정중앙을 목표로 삼는 것처럼 말입니다.

이스라엘의 첫 번째 왕 사울은 하나님께로부터 아말렉을 공격하라는 명령을 받습니다(삼상 15:2-3). 사울이 모든 것에 불순종한 것은 아닙니다. 몇 가지 부분에서 사울은 순종하였습니다. 그는 위험을 감수하고 전쟁에 참여하였습니다. 군사들을 이끌고 아말렉을 공격하였고 왕도 사로잡았습니다. 한 가지만을 실행하지 않았습니다. 모든 것을 진멸하라는 명령에는 불순종하였습니다. 사울은 이 사건을 통해서 하나님에 의해 폐위됩니다(삼상 15:11).

그때 사무엘이 사울에게 한 말에 귀 기울여 보십시오. 하나님께서는 번제와 제사보다 순종을 기뻐하신다고 말합니다. "사무엘이 이르되 여호와께서 번제와 다른 제사를 그의 목소리를 청종하는 것을 좋아하심같이 좋아하시겠나이까 순종이 제사보다 낫고 듣는 것이 숫양의 기름보다 나으니 이는 거역하는 것은 점치는 죄와 같고 완고한 것은 사신 우상에게 절하는 죄와 같음이라 왕이 여호와의 말씀을 버렸으므로 여호와께서도 왕을 버려 왕이 되지 못하게 하셨나이다 하니"(삼상 15:22-23).

하나님께서는 한 사람이 가진 비전에 주목하지 않으십니다. 그가 가진 능력에도 관심이 없으십니다. 모든 것이 하나님께로부터 왔으니, 인간이 가진 장점으로 하나님의 관심을 끌려는 시도는 모두 쓸데없는 일입니다. 오히려 하나님께서는 그가 하나님을 존귀하게 여기는지를 살피십니다(삼상 2:30). 그리고 그것은 전적이고 즉각적인 순종을 통해 드러납니다.

순종하는 자는 자신의 뜻보다 하나님의 뜻을 더 중요하게 생각합니다. 어떤 경우에도 하나님은 옳다고 확신합니다. 하나님께서 당신을 귀히 여기는 자를 어찌 귀히 여기시지 않겠습니까?

그러나 요즘 신자들은 말씀에 자신의 모든 것을 걸지 않습니다. 하나님의 말씀이 진리임을 입술로는 고백하지만, 삶으로는 그렇다고 하지 않습니다. 마치 하나님의 말씀에 모든 것을 걸면 인생이 잘 되지 않을 것처럼 행동합니다. 하지만 이것은 기회주의적인 생각입니다.

앤드루 머리(Andrew Murray, 1828-1917)에 따르면 순종은 믿음을 강화하고 믿음은 순종을 강화합니다. 이처럼 믿음은 행위에 의해 완전하게 됩니다.[9] 예수님께서도 하나님의 말씀에 순종하심으로써 온전케 되셨습니

---

[9] 앤드류 머리, 『그리스도의 기도 학교에서』, 김성환 역 (서울: 생명의말씀사, 1995), 189.

다(히 5:8-9). 그리고 당신을 믿는 자들에게 "나를 따르라."라고 말씀하십니다(요 21:22). 이에 대해 디트리히 본회퍼(Dietrich Bonhoeffer, 1906-1945)는 이렇게 말합니다. "그리스도께서 우리를 부르실 때 그 부르심은 우리를 죽음으로 이끄는 것이다."[10]

열렬한 기도는 치열한 삶에서 나옵니다. 삶의 개혁 없이 간절한 기도는 지속될 수 없습니다. 하나님께서는 지금도 모든 사람의 길을 주목하시고 사람의 걸음을 감찰하십니다(욥 34:21). 하나님의 말씀을 실제의 삶에서 아멘으로 답하는지 보십니다. 우리가 닮아 가야 할 예수님이 그러한 분이셨습니다. 그분의 별명은 아멘이시요 충성되고 참된 증인이었습니다(계 3:14).

맺는 말

신자가 이 세상에서 누릴 수 있는 최고의 복은 하나님과 동행하는 것입니다. 존 오웬(John Owen, 1616-1683)은 하나님과의 동행의 핵심을 '하나님과의 평화'와 '하나님의 영광에 대한 갈망'이라고 말했습니다.[11]

하나님과 동행하는 사람은 그분과의 평화 속에서 살아갑니다. 그는 하

---

10 "Whenever Christ calls us, His call leads us to death." Dietrich Bonhoeffer, *Discipleship*, in *Dietrich Bonhoeffer Works*, vol. 4, trans. Barbara Green, Reinhard Krauss, eds. Geffrey B. Kelly, John D. Godsey (Minneapolis: Fortress Press, 2003), 87.

11 John Owen, "Of Walking Humbly with God," in *The Works of John Owen*, vol. 9, ed. William H. Goold (Edinburgh: The Banner of Truth Trust, 1990), 87-91.

나님과 막힘 없는 교제 속에서 살아갑니다. 그는 하나님의 영광이 세상에 충만하게 드러나기를 갈망하며 살아갑니다. 하나님의 이름이 온 땅에서 두루 영광받기를 간절히 바라는 소원으로 살아갑니다. 이것이 바로 하나님과 동행하는 삶입니다.

 좋은 환경이 인생을 붙들어 주는 것이 아닙니다. 기도를 들으시는 하나님께서 붙들어 주십니다. 그러므로 모든 상황 속에서 삶으로 신앙을 고백하십시오. 삶의 모든 방면에서 하나님의 뜻이 이뤄지도록 분투하십시오. 그때 하나님께서 함께하십니다. "나를 보내신 이가 나와 함께하시도다 나는 항상 그가 기뻐하시는 일을 행하므로 나를 혼자 두지 아니하셨느니라"(요 8:29).

나눔 1.

하나님의 말씀을 지식으로 많이 안다고 해서 순종하는 것이 아닙니다. 순종은 생각만으로 가능한 것이 아닙니다. 실제의 삶 가운데 행함으로 성취하여야 합니다.

순종할 때 손해를 볼 수도, 희생해야 할 수도 있습니다. 그래서 세상도 사랑하고 하나님도 사랑하는 사람은 순종할 수 없습니다. 오직 하나님만을 사랑하는 사람이 순종의 길을 걸어갑니다. "예수께서 이르시되 네 마음을 다하고 목숨을 다하고 뜻을 다하여 주 너의 하나님을 사랑하라 하셨으니 이것이 크고 첫째 되는 계명이요 둘째도 그와 같으니 네 이웃을 네 자신같이 사랑하라 하셨으니 이 두 계명이 온 율법과 선지자의 강령이니라"(마 22:37-40).

당신은 알게 된 하나님의 뜻에 순종하고 있습니까? 지식으로는 알고 있지만 실제로는 순종하지 못하는 것이 있다면 나누어 봅시다.

나눔 2.

예배는 크게 두 가지로 나눌 수 있습니다. 넓은 의미의 예배는 우리의 삶 전체를 말합니다(롬 12:1). 좁은 의미의 예배는 사적 예배와 공적 예배로 나눌 수 있습니다. 사적 예배는 가정 예배, 개인의 경건 시간을 말합니다. 공적 예배는 언약 공동체가 한자리에 모여 드리는 예배입니다.

넓은 의미의 예배와 좁은 의미의 예배는 순환 관계에 있습니다. 6일 동안의 삶을 올바로 살아가는 것은 주일에 드리는 예배가 하나님께 열납되는 중요한 조건입니다.

주일 예배에 거룩한 모습으로 나오는 것처럼 삶에서 거룩함을 이루고 있습니까? 삶으로 드리는 예배와 주일에 드리는 예배의 모습이 어떠한지 돌아봅시다.

문제를 대하는 태도를 바꾸지 않으면 기도는 허공을 치는 것과 같습니다. 하나님께서는 우리가 문제 앞에서 겸손해지길 바라십니다. 자기를 의지하던 삶에서 돌이켜 하나님을 의지하기를 바라십니다. 우리의 자아가 깨어지기를 바라십니다. 그때 기도는 능력 있게 됩니다. 그러므로 모든 고통 속에서 기도로 나아가십시오. 하나님께서는 기도를 통해서 역사하십니다. 하나님 한 분만 바라보는 기도는 충천하는 화염과 같습니다. 아무것도 그 기도를 막을 수 없습니다. 그 기도는 어둠의 세력을 꺾고 시련의 고통을 이기게 합니다.

제5장   기도와 고통

문제를 대하는 태도를 바꿔야 한다

여호와께서 그에게 임신하지 못하게 하시므로 그의 적수인 브닌나가 그를 심히 격분하게 하여 괴롭게 하더라 매년 한나가 여호와의 집에 올라갈 때마다 남편이 그같이 하매 브닌나가 그를 격분시키므로 그가 울고 먹지 아니하니 그의 남편 엘가나가 그에게 이르되 한나여 어찌하여 울며 어찌하여 먹지 아니하며 어찌하여 그대의 마음이 슬프냐 내가 그대에게 열 아들보다 낫지 아니하냐 하니라 그들이 실로에서 먹고 마신 후에 한나가 일어나니 그때에 제사장 엘리는 여호와의 전 문설주 곁 의자에 앉아 있었더라 **삼상 1:6-9**

사무엘은 사사(士師) 시대가 끝나고 왕정 시대로 접어드는 변혁기에 등장한 큰 산과 같은 영적 지도자입니다. 그런데 위대한 지도자 사무엘의 일대기는 아이를 낳지 못하는 한 여자의 개인사로 시작됩니다. 그녀가 바로 사무엘의 어머니 한나입니다.

한나는 인생의 극심한 고통에 직면했던 사람입니다. 그녀는 스스로를 마음이 슬프고 원통함과 격분됨이 많은 여자라고 말합니다(삼상 1:15-16). 그러나 그 고통은 한나의 인생을 집어삼키지 못했습니다. 오히려 선한 결과를 가져왔습니다. 이는 그녀가 고통에 올바로 반응했기 때문입니다.

고통에 상한 마음

한나는 엘가나라는 인품 좋고 신앙 깊은 남자와 결혼하였습니다(삼상 1:1-8). 엘가나에게는 두 아내가 있었습니다. 한 사람은 한나고, 또 한 사람은 브닌나였습니다. 그런데 한나에게는 자식이 없었고, 브닌나에게는 자식들이 있었습니다(삼상 1:2). 이것만으로도 한나는 마음의 고통을 겪었을 것입니다.

히브리 사람들은 여자가 아들을 낳음으로써 비로소 자신의 집을 세우게 된다고 생각하였습니다. 그런데 한나에게는 자녀가 없었습니다. 그러니 그 집안에서 한나의 입지가 어떠했을까요?

게다가 브닌나는 한나를 매우 괴롭히고 욕보였습니다. 성경은 브닌나를 한나의 '적수'(敵手)라고 말합니다(삼상 1:6). 브닌나는 남편이 자신보다 한나를 더 사랑한다는 사실을 알았습니다. 남편에 대한 서운함과 시기심은 한나에 대한 미움으로 발전하였을 것입니다.

이러한 상황 때문에 한나의 마음은 상할 대로 상했습니다. 그것은 단순한 마음의 상처가 아니었습니다. 마음 깊은 곳까지 병들어 가는 고통이었습니다. 좋은 옷을 입고 남편과 외출할 때 아무도 그녀가 고통 가운데 있다고 생각하지 못했을 것입니다. 좋은 가문에 넉넉한 집안이었을 것입니다. 더욱이 한나는 남편 엘가나의 극진한 사랑을 받고 있었습니다. 누가 그녀의 마음이 괴롭다는 것을 알 수 있었을까요?

한나는 결혼 생활을 하는 동안 아이를 갖는 데 도움이 된다는 이런저런 방법을 행해 보았을 것입니다. 그러면서 아들을 낳을지 모른다는 희망을 품기도 하였을 것입니다. 그러나 희망은 언제나 더 큰 절망으로 이어졌습니다. 그 과정에서 한나는 마음도 몸도 지쳐 갔습니다.

아이가 없어 괴로워하는 한나에게 남편 엘가나는 이렇게 말합니다. "한나여 어찌하여 울며 어찌하여 먹지 아니하며 어찌하여 그대의 마음이 슬프냐 내가 그대에게 열 아들보다 낫지 아니하냐 하니라"(삼상 1:8).

요즘 말로 표현하면 이렇습니다. "여보, 아들이 없으면 어때? 내가 있잖아. 내가 진짜 사랑하는 사람은 당신뿐이야."

이전에는 남편의 말이 위로가 되었을지 모릅니다. 그러나 고통이 극심한 지경에 도달하자 그 말은 더 이상 위로가 되지 않았습니다. 시간이 흐를수록 한나의 마음은 격동되었습니다. 마음의 고통이 더욱 깊어졌기 때문이었습니다.

그때 한나는 하나님 앞으로 나아가기 위해 일어납니다(삼상 1:9). 하나님을 만나야 이 고통이 끝날 것이라 생각했기 때문입니다. 하나님만이 자신의 문제를 해결할 수 있으리라는 믿음이 생겼기 때문입니다. 그래서 그녀는 사모하는 마음으로 하나님께 나아갑니다.

고통 가운데 만나 주심

한나가 아이를 낳지 못하는 이유에 대해 성경은 이렇게 말합니다. "여호와께서 그에게 임신하지 못하게 하시므로"(삼상 1:6).

한나가 이 사실을 알았는지 몰랐는지 알 수 없습니다. 그러나 그녀는 옳은 결정을 합니다. 자신의 문제를 들고 하나님 앞으로 나아가기로 한 것입니다. 이것이 믿음입니다.

하나님께서는 한나의 인생에 개입하셨습니다. 하나님이 아니면 해결할 수 없는 문제를 던져 주셨습니다. 이것은 문제를 통해 한나와 만나시기 위함이었습니다. 그러니 누가 이 문제를 대신 해결할 수 있겠습니까?

우리는 인생길에서 여러 문제를 만납니다. 어떤 문제는 자신이 잘못했기 때문에 겪는 것입니다. 그때는 하나님의 지혜를 구하며 자기가 어디서 떨어졌는지를 깨달아 회개해야 합니다. "그러므로 어디서 떨어졌는지를 생각하고 회개하여 처음 행위를 가지라 만일 그리하지 아니하고 회개하지 아니하면 내가 네게 가서 네 촛대를 그 자리에서 옮기리라"(계 2:5).

때로는 우리의 태도가 잘못됐거나 노력하지 않아서 발생하는 문제도 있습니다. 그때는 자신의 삶을 돌아보아 잘못된 삶의 태도들을 고쳐야 합니다. 그러나 하나님께서 한나의 인생 앞에 두신 문제는 그녀의 잘못 때문에 생긴 것이 아니었습니다. 이것은 하나님의 메시지를 담고 있습니다. "너는 내 앞에 서라!"

이런 문제는 하나님 앞으로 나아가는 것 외에는 해결의 길이 없습니다. 혼자 몸부림칠수록 수렁에 빠지게 됩니다. 더욱이 얄팍한 꼼수는 통하지 않습니다.

한나는 극심한 고통 가운데 세상적인 해결책을 모두 버렸습니다. 이전에는 자신 홀로 괴로움을 끌어안고 살았습니다. 그러나 이제 하나님 앞으로 나아가리라고 결심하였습니다. 자신의 괴로움을 하나님께 쏟아 놓기로 하였습니다. "한나가 마음이 괴로워서 여호와께 기도하고 통곡하며"(삼상 1:10).

괴로운 일이 생겼습니까? 하나님 앞으로 나아가 마음을 토하십시오. 마음을 하나님 앞에 쏟아 놓으십시오. 하나님께서는 마음 중심으로 하는 기도를 원하십니다. 그리고 그러한 자들을 가까이하십니다. "백성들아 시시로 그를 의지하고 그의 앞에 마음을 토하라 하나님은 우리의 피난처시로다"(시 62:8).

문제 옆에 계신 하나님

인생을 살다가 고통과 시련을 당할 때가 있습니다. 사람들에게 지속적인 괴롭힘을 당할 때가 있습니다. 늘 꼬인 것 같은 환경 속에서 하나님을 원망하는 마음이 들 때도 있습니다. 자신은 잘못한 일이 없는 것 같은데 문제에 부딪히기도 합니다. 거기에는 하나님의 계획이 있습니다.

인생이 순풍에 돛 단 것처럼 흘러갈 때도, 절벽에 다다른 것 같을 때도 우리를 향한 하나님의 계획이 있습니다. 그때 우리의 시선은 하나님께 고정되어야 합니다. 마음을 하나님께 확정하고 확정해야 합니다(시 57:7).

한나는 자신 앞에 있는 문제를 인간의 방법으로 해결할 수 없음을 깨달았습니다. 그래서 일어났습니다(삼상 1:9). '하나님을 만나야겠다.'라는 결심이 생기자 기도할 마음이 생겼습니다. 그때 문제의 해결자이신 하나님이 보이기 시작했습니다.

문제에 직면하는 것은 인간이지만 해답은 하나님께 있습니다. 그러나 사람들은 그 문제에만 주목합니다. 그리고 자신의 힘으로 그것을 해결하려고 애씁니다. 하나님을 의지하는 대신 인간적인 방법으로 그것을 해결해 보려고 합니다. 그러면 문제는 더 꼬입니다.

하나님께서 당신을 만나게 하려고 주신 문제는 그렇게 해결되지 않습니다. 자기 힘으로 해결해 보려는 시도를 멈추어야 합니다. 두 손 들고 하나님 앞으로 나아가야 합니다. 문제가 아니라 하나님을 바라보아야 합니다.

한나를 보십시오. 하나님을 만나야겠다고 결심하자 그녀의 마음을 가득 채운 것은 문제가 아니었습니다. 하나님이었습니다. 이때 한나에게 주어진 문제는 하나님을 생애적으로 만나게 하는 계기가 되었습니다.

우리의 인생도 그렇습니다. 우리 인생이 하나님께로 방향 전환을 할 때, 그때는 항상 영혼의 진통이 있습니다. 다른 사람은 고민하지 않는 문제가 우리를 짓누릅니다. 마음이 녹는 것 같은 고통을 경험합니다.

어떤 사람은 그 고통 속에서 불평하고 누군가를 원망합니다. 사람을 미워하여 더 깊은 어둠으로 들어가기도 합니다. 그런데 어떤 사람은 그 고통 안에서 하나님을 바라봅니다. 그러면 이윽고 하나님의 큰 섭리를 보게 됩니다.

그와 같은 차이가 어디에서 옵니까? 바로 문제를 대하는 태도에서 비롯됩니다. 그리고 그것은 그 사람 안에 있는 믿음이 어떠한지가 드러난 것입니다.

문제에 대한 올바른 태도

만약 하나님께서 한나의 태(胎)를 막지 않으셨다면, 그녀는 평범한 여자들처럼 살다 죽었을 것입니다. 그리고 역사는 한나와 그 아이를 기억하지 않았을 것입니다.

그러나 하나님께서 한나 앞에 문제를 두시자 상황은 달라졌습니다. 그녀는 세상적으로 근심하는 태도를 버리고 하나님께 통곡하였습니다. "한나가 마음이 괴로워서 여호와께 기도하고 통곡하며"(삼상 1:10).

그러자 하나님께서는 한나의 태를 열어 사무엘을 주셨습니다. 사무엘이 누구입니까? 그는 사사 시대의 혼란스러운 상황들을 정리한 사람입니다. 하나님께서 직접 통치하시는 신정 시대의 율법 수여자였던 모세와, 왕이 어떠해야 하는지를 보여주었던 다윗 사이에서 다리 역할을 한 사람입니다. 실로 그는 사사 시대가 왕정 시대로 흘러갈 수 있도록 수문의 역할을 한 사람이었습니다.

하나님께서는 이처럼 위대한 인물을 홀로 만들지 않으셨습니다. 이 사람에게 영향을 줄 사람을 먼저 준비하셨습니다. 그 사람이 바로 사무엘의 어머니 한나였습니다. 이 일은 그녀가 문제에 대해 올바로 반응할 때 일어났습니다.

우리는 문제를 대하는 태도를 바꾸지 않으면 안 됩니다. 사람들은 문제를 깊이 바라보면 해결할 수 있을 것이라 생각합니다. 그러나 문제에 집중하는 태도로는 해결책을 찾을 수 없습니다. 인생의 모든 문제는 하나님을 바라보라고 주신 것입니다. 자기에게 고통을 준 사람들을 주야로 묵상해서는 더 큰 악에 빠질 뿐입니다.

어떤 사람은 어려움 속에서 하나님을 깊이 만나고 그분의 사랑을 경험합니다. 하나님의 구원의 능력을 경험하며 즐거워합니다. 그러나 어떤 사람은 거기서 더 깊은 침체를 겪고 시험에 들기도 합니다. 얼마나 다른 결과인지 보십시오. 하나님을 의지하는 신앙, 곧 말씀을 굳게 붙들고 사는 믿음이 이처럼 다른 결과를 가져옵니다.

그러므로 우리는 시련 속에서 하나님께 집중해야 합니다. 이 세상 것들을 향하던 마음의 시선을 하나님께로 모아야 합니다. "나의 영혼아 잠잠히 하나님만 바라라 무릇 나의 소망이 그로부터 나오는도다 오직 그만이 나의 반석이시요 나의 구원이시요 나의 요새이시니 내가 흔들리지 아니하리로다"(시 62:5-6).

문제를 대하는 태도를 바꾸지 않으면 기도는 허공을 치는 것과 같습니다. 기도의 능력을 경험하고 싶다면 인생의 문제에 올바른 태도로 직면해야 합니다. 하나님께서는 우리가 문제 앞에서 겸손해지길 바라십니다. 자기를 의지하던 삶에서 돌이켜 하나님을 의지하기를 바라십니다. 우리의 자아가 깨어지기를 바라십니다. 그때 기도는 능력 있게 됩니다.

한나를 보십시오. 그녀는 인생길에서 가장 큰 문제에 직면하였습니다. 그녀는 문제를 통해 하나님께로 나아갔습니다. 하나님 앞에 마음을 쏟고 통곡하였습니다. 마음을 다해 기도하였습니다. 그러자 고통은 변하여 평안이 되었고, 슬픔은 변하여 평강이 되었습니다. "이르되 당신의 여종이 당신께 은혜 입기를 원하나이다 하고 가서 먹고 얼굴에 다시는 근심 빛이 없더라"(삼상 1:18).

우리의 과거를 돌아보면 편안하게 살던 때는 기억이 나지 않습니다. 오히려 괴로웠던 때가 기억납니다. 그때 하나님께 매달렸고, 거기서 하나님께서 우리를 만나 주셨기 때문입니다.

인생은 원하는 대로 전개되지 않습니다. 살아 있다는 것은 문제를 안고 있다는 것입니다. 그리고 그것은 고통을 의미합니다. 괴로운 일을 만날 때마다 우리의 인생이 하나님의 손안에 있음을 기억해야 합니다. 그것은 하나님께서 당신을 간절히 찾으라는 음성입니다.

맺는 말

아무것도 기도를 대신할 수 없습니다. 성경과 학문에 대한 뛰어난 지식도 기도를 대신할 수 없습니다. 인생의 풍부한 경험도 열렬한 기도를 대신할 수 없습니다. 우리는 마음을 다해 기도해야 합니다.

기도하지 않는 사람은 하나님에게서 오는 도움을 경험하지 못합니다. 눈에 보이는 세계 너머에 있는 은혜의 세계를 알지 못합니다. 그러나 말씀을 붙들고 마음을 쏟아 기도하는 사람은 하나님을 만납니다. 그 경험을 통해 간증을 남깁니다. "모든 사람이 두려워하여 하나님의 일을 선포하며 그의 행하심을 깊이 생각하리로다"(시 64:9).

그러므로 모든 고통 속에서 기도로 나아가십시오. 하나님께서는 기도를 통해서 역사하십니다. 하나님 한 분만 바라보는 기도는 충천하는 화염과 같습니다. 아무것도 그 기도를 막을 수 없습니다. 그 기도는 어둠의 세력을 꺾고 불의의 세력을 멸합니다. 시련의 고통을 이기게 합니다. 그렇게 기도하면서 사는 신자는 하나님 보시기에 얼마나 아름다울까요?

나눔 1.

그리스도인이라고 하더라도 믿지 않는 사람과 다르지 않을 때가 있습니다. 하나님의 은혜에서 멀어질 때입니다. 은혜에서 멀어진 그리스도인은 문제 앞에서 하나님 없이 생각하기 쉽습니다. 때로는 극심한 두려움에 사로잡히기도 합니다. 사람을 미워하기도 하고, 자기를 이런 환경에 두신 하나님을 원망하기도 합니다. 자기에게 있는 자원으로 문제를 해결하려고도 합니다.

그러나 그런 태도로는 해결책을 찾을 수 없습니다. 인생의 모든 문제는 하나님을 바라보라고 주신 것입니다. 그러므로 우리는 시련 속에서 하나님께 집중해야 합니다.

자신의 삶에 문제가 발생했을 때 어떻게 반응해 왔습니까? 실제 삶과 신앙이 분리되는 것 같은 경험이 있었다면 나누어 봅시다.

나눔 2.

어려운 일이 생겼을 때 세상을 바라보기는 쉽습니다. 우리의 형편을 사람들에게 말하고 인간적인 방법으로 해결하려는 것은 쉬운 일입니다. 그러나 문제를 들고 하나님 앞으로 나아가는 일은 매우 어렵습니다. 보이는 상황보다 보이지 않는 하나님을 붙잡는 것은 매우 어려운 일입니다. 더욱이 오래도록 해결되지 않는 문제들에 부딪히면서 끈질기게 하나님을 붙잡는 일은 매우 힘듭니다.

자신의 마음이 얼마나 쉽게 환경에 의해 흔들리는지 살펴보십시오. 어떻게 하여야 상황에 대해 낙담하는 마음을 붙잡아 보이지 않는 하나님을 바라볼 수 있을지 나누어 봅시다.

간절한 기도는 인간의 쓸모없는 생각을 파하는 힘이 있습니다. 간절한 기도는 기도자의 마음을 바꾸고, 하나님을 바라보게 합니다. 냉랭한 마음에 따뜻한 바람이 불게 하고, 얼어붙은 마음에 생명의 기운이 돌게 합니다. 하늘의 능력을 이 땅에 불러 내리고, 얽어맨 환경의 사슬을 끊게 합니다. 한마디의 간절한 마음의 기도는 입술만으로 드리는 일만 마디의 기도보다 위대합니다.

한나가 마음이 괴로워서 여호와께 기도하고 통곡하며 서원하여 이르되 만군의 여호와여 만일 주의 여종의 고통을 돌보시고 나를 기억하사 주의 여종을 잊지 아니하시고 주의 여종에게 아들을 주시면 내가 그의 평생에 그를 여호와께 드리고 삭도를 그의 머리에 대지 아니하겠나이다 **삼상 1:10-11**

많은 사람들이 고통에 직면합니다. 그것은 무시할 수 없는 현실입니다. 그렇지만 신자는 고통을 통해서 하나님을 새롭게 알아 갑니다. 그런 경험 속에서 하나님만을 의지하며 살아야 함을 깨닫게 됩니다.

한나는 인생의 벼랑 끝에서 하나님께 나아가는 법을 배웠습니다. 마음을 쏟으며 매달리는 것이 무엇인지를 경험하였습니다. 그리고 이러한 기도를 통해 그녀는 영적으로 변화되었습니다. "한나가 마음이 괴로워서 여호와께 기도하고 통곡하며 서원하여 이르되 만군의 여호와여 만일 주의 여종의 고통을 돌보시고 나를 기억하사 주의 여종을 잊지 아니하시고 주의 여종에게 아들을 주시면 내가 그의 평생에 그를 여호와께 드리고 삭도를 그의 머리에 대지 아니하겠나이다"(삼상 1:10-11).

한나의 이러한 신앙적인 변화는 사무엘에게 영향을 주었을 것입니다. 사무엘은 당시 부패한 제사장이었던 엘리에게 배우지 못한 신앙을 어머니 한나를 통해 배웠을 것입니다. 어떻게 하나님만 바라며 살아야 하는

지, 어떤 사람이 되어야 하는지를 그녀에게서 배웠을 것입니다. 그렇다면 한나가 어떻게 기도했기에 이런 변화를 경험했을까요?

하나님의 임재 안에서 드린 기도

첫째로, 하나님의 임재 안에서 드린 기도였습니다. 한나의 기도에 대해 성경은 이렇게 말합니다. "여호와께 기도하고"(삼상 1:10).

한나는 여호와 하나님께 기도하였습니다. 여기서 우리는 이렇게 묻고 싶을 것입니다. "하나님께 기도하지 않는 사람이 어디 있습니까?", "우리가 하나님 아니면 누구에게 기도하겠습니까?"

모든 사람이 하나님께 기도합니다. 그러나 모든 기도가 하나님의 임재 안에서 드려지는 것은 아닙니다. 오직 하나님을 향해 마음을 쏟는 기도만이 보좌에 이릅니다. 그런 기도 속에서 우리는 하나님의 임재를 경험합니다. 그것이 성령 안에서 드리는 기도입니다(엡 6:18).

기도에서 하나님에 대한 집중은 매우 중요합니다. 기도할 때 눈을 감고 손을 모으는 것도 이 때문입니다. 마음을 산란하게 하는 외부와 단절하고 하나님께만 집중하기 위해서입니다. 그러나 우리는 얼마나 자주, 머릿속에 떠오르는 이런저런 생각으로 기도 시간을 흘려버리는지 모릅니다. 진정한 의미에서 그것은 '하나님께' 드리는 기도가 아닙니다.

하나님 앞에 나아갈 때 한나의 마음은 문제로 가득 차 있었습니다. 그러나 깊은 기도로 들어가자 오직 하나님밖에 보이지 않았습니다. 이전에 그녀는 하나님께서 자신을 돌보지 않으신다고 원망했을 것입니다. 그러나 하나님의 임재 안에서 그분의 사랑을 깨달았습니다. 그 사랑이 그녀를 다시 살게 하였습니다.

임재 안에서 드리는 기도는 최고의 밀어(蜜語)입니다. 하나님의 임재 안에서 우리는 그분의 사랑을 맛봅니다. 그 사랑은 우리의 모든 상처를 치유하고, 모든 고통을 위로합니다. 그리고 눈물을 닦아 줍니다(계 21:4). 참된 만족과 기쁨을 줍니다(시 131:2). 세상이 줄 수 없는 평안을 누리게 합니다(요 14:27).

문제만 바라보던 사람이 해결자이신 하나님을 바라보게 되는 신령한 역사가 어떻게 일어납니까? 세상이 주는 근심과 염려, 고통과 괴로움에서 어떻게 벗어날 수 있습니까? 하나님의 임재 안에서 기도함으로써입니다.

그러므로 청구서를 낭독하는 것처럼 기도하지 마십시오. 하나님의 임재 속으로 들어가기를 간구하십시오. 문제가 아니라 하나님을 바라보십시오. "너는 기도할 때에 네 골방에 들어가 문을 닫고 은밀한 중에 계신 네 아버지께 기도하라 은밀한 중에 보시는 네 아버지께서 갚으시리라"(마 6:6).

통곡하며 드린 기도

둘째로, 통곡하며 드린 기도였습니다. '통곡하다.'라고 번역된 단어는 히브리어로 바카흐(בָּכֹה)입니다. 원뜻은 '소리내어 엉엉 울다.'입니다. 마음이 얼마나 괴로웠으면 다 큰 어른이 엉엉 울면서 기도하였겠습니까? 너무 많이 울어 힘이 빠져 입술만 움직이며 기도할 때 엘리 제사장은 그녀를 책망하였습니다. "네가 언제까지 취하여 있겠느냐 포도주를 끊으라"(삼상 1:14).

한나는 어린아이가 엄마의 품에 안겨 우는 것처럼 하나님께 마음을 쏟아 통곡하며 기도하였습니다. "나는 마음이 슬픈 여자라 포도주나 독주를 마신 것이 아니요 여호와 앞에 내 심정을 통한 것뿐이오니"(삼상 1:15).

한나가 기도의 자리로 나간 이유는 자식을 낳지 못하는 괴로움 때문이었습니다. 그 괴로움이 너무 심하여 통곡할 수밖에 없었습니다. 하지만 기도 중에 통곡의 이유가 변했습니다. 그것은 거룩하신 하나님에 대한 갈망이었습니다.

그녀에게는 수많은 문제들이 있었습니다. 홀로 버려진 것 같은 고립감, 가문을 향한 자괴감, 브닌나에 대한 미움 같은 것들이 있었습니다. 그러나 하나님 앞에 마음을 쏟아 놓으며 기도하자 모든 문제는 하나의 초점으로 모아졌습니다.

그것은 자신이 거룩하신 하나님께 기억되는 것이었습니다. 하나님께서 자신의 고통을 돌보아 주시는 것이었습니다. "만군의 여호와여 만일 주의 여종의 고통을 돌보시고 나를 기억하사 주의 여종을 잊지 아니하시고"(삼상 1:11).

이는 한나가 하나님의 임재 안에서 그분의 은혜를 경험하였기 때문입니다. 하나님의 은혜를 경험하자 한나는 순전한 마음으로 하나님을 사랑하게 되었습니다. 그리고 영혼의 만족을 누렸습니다. 그래서 다른 그 무엇이 아니라 하나님의 은혜가 필요하다는 사실을 깨닫게 되었습니다.

기도가 기도 제목을 바꾼다

하나님의 은혜를 경험하자 한나는 전능하신 하나님의 영광을 보게 되었습니다.

이스라엘은 선택받은 민족이었지만 하나님을 떠났습니다. 하나님의 이름은 이스라엘에게 멸시받고 있었습니다. 말씀이 희귀한 시대였습니다(삼상 3:1). 그것이 한나에게 진정한 고통이 되었습니다.

그래서 한나는 자기에게 아들을 주신다면 하나님의 영광을 위해 그를 바치겠노라고 다짐하였습니다. "서원하여 이르되 만군의 여호와여 만일 주의 여종의 고통을 돌보시고 나를 기억하사 주의 여종을 잊지 아니하시고 주의 여종에게 아들을 주시면 내가 그의 평생에 그를 여호와께 드리고 삭도를 그의 머리에 대지 아니하겠나이다"(삼상 1:11).

한나는 아들을 주시면 삭도를 그 머리에 대지 않겠다고 서원하였습니다. 이는 그 아이를 나실인으로 키우겠다는 뜻입니다(민 6:5).

나실인이 되는 것은 배타적으로 하나님께만 바쳐짐을 상징합니다. 당시에는 두 종류의 나실인이 있었습니다.

하나는, 한정된 기간 동안 임시적으로 나실인이 되는 것입니다. 다른 하나는, 평생 종신적으로 나실인이 되는 것입니다. 이 일은 자신이 스스로를 바침으로써, 하나님께서 택하심으로써, 혹은 부모가 서원함으로써 이루어집니다(민 6:2, 삿 13:7, 삼상 1:11).[12]

나실인은 하나님께만 바쳐진 사람입니다. 그는 부모가 죽어도 그 시체 곁으로 갈 수 없습니다(민 6:7). 그러니 한나가 아들을 낳는다고 할지라도 실제로 자기 아들과 함께 살 수는 없을 것이었습니다. 그런데도 한나는 하나님의 영광을 위해 그 아이를 바치기로 결심합니다. 이것이 그녀의 진정한 기도 제목이 되었습니다.

---

12 Ralph W. Klein, *1 Samuel*, in *Word Biblical Commentary*, vol. 10 (Nashville: Thomas Nelson, 2008), 8.

마음이 욕망에 휘둘리면 진정으로 필요한 것이 무엇인지 알지 못합니다. 욕망은 마음이 진리로 향하지 못하도록 흩어 놓기 때문입니다. 욕망으로 가득 찬 마음은 자신이 바라는 것에 집중하지만, 그것은 고도의 분산입니다. 오직 정결케 된 마음으로 기도할 때, 마음은 하나의 지점을 향하게 됩니다. 그때 참으로 무엇이 필요한지를 깨닫게 됩니다.

한나는 깊은 기도 속에서 진정한 갈망을 경험하였습니다. 자신에게 무엇이 필요한지를 알게 되었습니다. 그것은 하나님의 이름이 이 땅에서 높아지는 것이었습니다. 그래서 자식 하나 얻겠다는 기도는 하나님의 영광에 대한 갈망으로 바뀌었습니다.

한나가 마음을 쏟아 놓고 기도한 후에도 문제는 여전히 남아 있었습니다. 그러나 한나가 변했습니다. 한나의 마음에 평강과 생명이 가득하였습니다. 오직 하나님만이 그 영혼을 가득 채웠습니다. 하나님의 뜻만이 그녀의 소원이 되었습니다. 그래서 그녀는 이전의 상황들로 인해 더 이상 고통스러워하지 않을 수 있었습니다. "가서 먹고 얼굴에 다시는 근심 빛이 없더라"(삼상 1:18).

우리가 기도할 때 깨닫게 되는 것이 있습니다. 마음을 다해 기도할 때, 신자는 하나님의 위대하심을 알게 됩니다. 높으신 하나님을 아버지로 부르며 기도하게 하신 이 은혜가 참으로 감사하다고 고백하게 됩니다. 그래서 일상적인 문제로 기도하다가 자기를 구원하고 사랑하시는 하나님을 찬송하게 되는 것입니다.

예수의 넓은 사랑을 어찌 다 말하랴.
주 사랑 받은 사람만 그 사랑 알도다.

간절히 드린 기도

셋째로, 간절하게 드린 기도였습니다. 하나님께서는 간절히 사모하며 매달리는 사람들의 기도에 응답하십니다. 위대한 기도의 힘은 간절함에서 나옵니다. 끈질긴 기도는 지속되는 간절함을 보여주는 것입니다. 은밀한 하나님의 계획은 간절히 기도하는 사람들에게 알려집니다. "너는 내게 부르짖으라 내가 네게 응답하겠고 네가 알지 못하는 크고 은밀한 일을 네게 보이리라"(렘 33:3).

기도는 꺼져 가는 마음에 불을 지피고, 이미 붙은 불을 타오르게 합니다. 그래서 모든 향기로운 마음은 기도의 불에 단련된 마음입니다. 이에 대해 J. W. 애커(J. W. Acker, 1903-1979)는 이렇게 말합니다. "향(香)은 불이 없이 냄새가 나지 않거니와 또한 타오르지도 않는다. 기도가 영적 뜨거움과 열정으로부터 솟아오르지 않는다면 기도가 아닌 것이다. 냉랭하고, 생기가 없으며, 나태한 기도는 날개 없는 새와도 같은 것이다. 단순히 입술로만 하는 기도는 잃어버린 기도이다."[13]

---

[13] 웨슬리 듀웰, 『능력 있고 응답받는 기도』, 주상지 역 (서울: 생명의말씀사, 1999), 96.

간절한 기도는 인간의 쓸모없는 생각을 파하는 힘이 있습니다. 간절한 기도는 기도자의 마음을 바꾸고, 하나님을 바라보게 합니다. 냉랭한 마음에 따뜻한 바람이 불게 하고, 얼어붙은 마음에 생명의 기운이 돌게 합니다. 하늘의 능력을 이 땅에 불러 내리고, 얽어맨 환경의 사슬을 끊게 합니다. 한마디의 간절한 마음의 기도는 입술만으로 드리는 일만 마디의 기도보다 위대합니다.

예수님의 기도를 생각해 보십시오. 잡히시던 날 밤, 그분은 이 땅에 있는 교회와 하나님의 영광을 위해 간절히 기도하셨습니다. "천사가 하늘로부터 예수께 나타나 힘을 더하더라 예수께서 힘쓰고 애써 더욱 간절히 기도하시니 땀이 땅에 떨어지는 핏방울같이 되더라"(눅 22:43-44).

예수 그리스도께서는 힘쓰고 애써 간절히 기도하셨습니다. 얼마나 간절히 기도하셨던지 땅에 떨어지는 예수님의 땀은 핏방울과 같이 되었습니다. 죄 없으신 예수 그리스도께서도 그렇게 기도했다면 우리는 어떠해야 합니까?

간절히 기도하고 있습니까? 마음을 쥐어짜는 간절한 기도는 우리 안의 죄를 밖으로 쏟아 버리게 합니다. 그래서 간절한 기도의 끝은 언제나 죄를 미워하고, 하나님을 사랑하는 것입니다.

간절한 기도를 가능하게 하는 것은 믿음입니다. 그 믿음은 하나님의 존재하심과 성품에 대한 신뢰입니다. 하나님께서 우리의 좋으신 아버지라는 믿음입니다. "믿음이 없이는 하나님을 기쁘시게 하지 못하나니 하나님께 나아가는 자는 반드시 그가 계신 것과 또한 그가 자기를 찾는 자들에게 상 주시는 이심을 믿어야 할지니라"(히 11:6).

성경은 하나님에 관한 많은 약속을 제시합니다. 하나님의 약속을 믿으며 사는 정도가 신앙의 수준입니다. 지금까지 응답되지 않았기 때문에 앞으로도 응답되지 않을 것이라는 불신을 버리십시오. 이 문제는 나의 인생에서 너무 오래 계속되었기 때문에 이제는 어찌할 수 없을 것이라는 생각을 버리십시오.

믿음을 가지십시오. 기도자의 올바른 위치에서 기도하면 하나님께서 나의 기도를 들으실 것이라는 사실을 믿으십시오. 하나님께서는 가장 좋은 것을 가장 좋은 때에 주신다는 사실을 기억하십시오.

성경에 나타난 위대한 일들은 이 믿음 안에서 드려진 기도에 대한 응답이었습니다. "그들은 믿음으로 나라들을 이기기도 하며 의를 행하기도 하며 약속을 받기도 하며 사자들의 입을 막기도 하며 불의 세력을 멸하기도 하며 칼날을 피하기도 하며 연약한 가운데서 강하게 되기도 하며 전쟁에 용감하게 되어 이방 사람들의 진을 물리치기도 하며"(히 11:33-34).

기도는 기도자를 바꾼다

한나는 문제를 붙들고 간절히 기도하였습니다. 그러자 한나 자신이 변했습니다. 아들을 얻고 변화된 것이 아니라 기도 중에 만난 하나님으로 인해 변화되었습니다. 그래서 개인의 고통에서 시작된 기도는 하나님에 대한 헌신으로 끝맺을 수 있었습니다. "주의 여종에게 아들을 주시면 내가 그의 평생에 그를 여호와께 드리고 삭도를 그의 머리에 대지 아니하겠나이다"(삼상 1:11).

그녀는 젖 뗀 후에 그 아이를 하나님 집에 거하도록 둡니다(삼상 2:11). 아이를 낳아 길러 본 엄마들은 이 일이 얼마나 어려운지 알 것입니다. 아이가 옹알이하고, 젖을 먹고 방긋방긋 웃기 시작합니다. 엄마는 잠을 자는 동안에도 새근거리는 아이의 소리를 듣습니다.

외롭고 괴로운 삶을 살았던 한나에게 이 아기는 얼마나 큰 위로이고 기쁨이었겠습니까? 그러나 한나는 아들을 바치겠다는 서원을 정확히 이행하였습니다.

성경은 "아이가 어리더라"(삼상 1:24)라고 기록합니다. 한나는 그렇게 작은 아이를 하나님의 집에 두고 내려왔습니다. 그러나 걱정하지 않았습니다. 오히려 마음에 기쁨이 가득하였습니다(삼상 2:1–2). 이는 그녀가 기도 속에서 하나님을 만났기 때문입니다. 좋으신 하나님께서 그 아이를 돌보실 것을 의심하지 않았기 때문입니다.

사무엘을 하나님의 집에 두고 내려올 때, 그 아이는 한나에게는 유일한 아들이었습니다. 엘가나에게는 자식이 여럿이었지만 한나에게는 사무엘뿐이었습니다. 그래서 그 아이를 하나님께 바치면 그녀는 다시 아이 없는 여자가 됩니다. 그러나 한나는 슬퍼하지 않았습니다. 하나님으로 인해 그녀의 영혼이 만족을 누렸기 때문입니다.

한나는 그 아들을 통해서 하나님의 이름이 높아지기를 바랐습니다. 그랬더니 하나님께서 한나에게 세 아들과 두 딸을 더 주셨습니다(삼상 2:21).

하나님께서 우리를 인생의 막다른 길로 몰아가시는 것 같을 때가 있습니다. 그때 하나님께서는 이렇게 말씀하십니다. "네가 사랑하는 것을 내려놓아라. 나만 바라보아라."

우리에게는 절대로 내려놓을 수 없을 것 같은 것들이 있습니다. 이것을 포기하면 내 인생은 의미가 없다고 느껴지게 하는 것들이 있습니다. 그러나 하나님께서는 그것마저도 내려놓게 하십니다. 그렇게 하지 못하는 자신과 마음 안에서 싸우게 하십니다. 간절한 기도 속에서 하나님께서는 내려놓을 용기를 주십니다. 마침내 그것을 내려놓을 때 더 소중한 것을 주십니다. 바로 하나님의 은혜입니다.

맺는 말

기도는 우리를 영적으로 성숙하게 합니다. 간절한 기도 속에서 우리의 마음은 강해지고 확고해집니다. 자신의 뜻대로 전개되지 않는 현실을 받아들일 용기를 얻습니다.

이러한 영적 성장은 기도 제목이 변하는 것을 통해 나타납니다. 자기만을 위하던 사람이 하나님의 뜻이 이루어지기를 간구하는 것이 그의 영혼의 변화를 보여줍니다. 이에 대해 예수 그리스도께서는 말씀하십니다. "그런즉 너희는 먼저 그의 나라와 그의 의를 구하라 그리하면 이 모든 것을 너희에게 더하시리라"(마 6:33).

무엇을 위해 기도하고 있습니까? 단지 원하는 것을 얻고자 하는 마음만으로는 기도하지 말아야 합니다. 자신을 쏟아붓는 간절한 기도 속에서 하나님을 만나야 합니다. 하나님의 임재 안에서 그분의 사랑을 맛보아야 합니다. 하나님께 자신을 드려 어떻게 그분께 영광을 돌릴 수 있을지 생각해야 합니다.

하나님께서는 당신을 사랑하는 자에게 아무것도 아끼지 않으십니다. 그가 물질이 부족하다면 넉넉히 주실 것입니다. 재능이 모자라다면 넘치게 부어 주실 것입니다. 능력이 부족하다면 충분히 채워 주실 것입니다. 하나님을 사랑하여 간절히 기도하는 자에게 가장 좋은 것을 주실 것입니다. 그러니 하나님의 사랑 말고 우리가 간절히 구할 것이 무엇이겠습니까?

God
Who Is
There
and
Answers
Me

나눔 1.

한나의 기도는 고통에서 시작되었지만 결국 하나님의 영광에 대한 사모로 결론을 맺습니다. 사실 우리에게 발생하는 모든 문제는 이런 결론을 맺어야 합니다. "환난 날에 나를 부르라 내가 너를 건지리니 네가 나를 영화롭게 하리로다"(시 50:15).

큰일이 아니어도 괜찮습니다. 하나님께서는 우리의 마음 안에서 가장 큰 영광을 받으십니다. 우리 마음이 당신 앞에 엎드려 진심으로 의지할 때 영광을 받으십니다. 그때 우리는 "내가 그리스도와 함께 십자가에 못 박혔나니 그런즉 이제는 내가 사는 것이 아니요 오직 내 안에 그리스도께서 사시는 것이라"(갈 2:20)라고 말할 수 있습니다.

내가 그리스도와 함께 십자가에서 죽었으므로 이제 내 안에 예수님께서 살아 계신다는 뜻이 무엇인지 나누어 봅시다. 그리고 어떻게 하여야 매일의 삶에서 그리스도께서 우리 안에 충만히 살아 계실 수 있을지도 생각해 봅시다.

나눔 2.

하나님께서 우리를 인생의 막다른 길로 몰아가실 때가 있습니다. 그때 우리는 하나님의 뜻을 생각하게 됩니다.

우리에게는 절대로 포기할 수 없을 것 같은 것들이 있습니다. 포기하면 마치 인생이 끝난 것처럼 여겨질 것들이 있습니다. 그러나 하나님께서는 그것까지도 내려놓기를 바라십니다. 그 일을 가능하게 하는 것이 믿음입니다. 선하신 하나님께서 가장 좋은 것을 가장 좋은 때에 주실 것이라는 사실을 믿을 때 우리는 움켜쥐었던 손을 펴게 됩니다.

하나님께서는 언제나 우리에게 가장 좋은 것을 가장 좋은 때에 주십니다. 자신의 삶에서 이 믿음이 견고해지는 것을 경험한 적이 있다면 나누어 봅시다.

말씀을 깨달아야 기도가 변합니다. 육신의 생각에 매인 기도는 정욕으로 구하는 것입니다. 그런 기도는 응답되지 않습니다. 그런 기도로는 만약 자기가 원하는 대로 된다면 하나님을 잊어버리게 될 것이며, 만약 자기 뜻대로 되지 않는다면 그분을 원망하게 될 것입니다. 진리에 의해 밝혀진 마음만이 하나님을 사랑하게 합니다. 진리에 의해 올바르게 질서 지워진 사랑만이 참으로 가치 있는 것이 무엇인지 알게 하고 덜 가치 있는 것들을 그 아래 복종시킵니다. 그때 기도가 하나님의 소원을 반영하게 됩니다.

제7장

기도와 말씀

말씀을 깨달아야 기도가 변한다

메대 족속 아하수에로의 아들 다리오가 갈대아 나라 왕으로 세움을 받던 첫 해 곧 그 통치 원년에 나 다니엘이 책을 통해 여호와께서 말씀으로 선지자 예레미야에게 알려 주신 그 연수를 깨달았나니 곧 예루살렘의 황폐함이 칠십 년 만에 그치리라 하신 것이니라 **단 9:1-2**

예레미야가 예언한 바와 같이 남유다는 바벨론에 의해 멸망하였습니다. 하나님이 계신다고 여겼던 성전은 파괴되었고, 하나님께서 보호하신다고 믿어 왔던 예루살렘 성은 불탔습니다. 많은 사람들이 바벨론 군대에 의해 죽임을 당하였고, 포로로 끌려갔습니다.

하나님 나라를 갈망함

다니엘도 바벨론에 포로로 끌려간 사람들 중 한 명이었습니다. 그는 언어도, 음식도, 사람도 낯선 곳에서 살았습니다. 우상을 숭배하는 곳에서 차별 대우를 받으며 대부분의 인생을 지냈습니다.

후에 높은 지위에 올랐지만, 다른 사람들에게 그는 여전히 멸망당한 나라에서 끌려온 사람이었습니다. 그래서 왕들의 신망을 받으면 받을수록 정적(政敵)들은 그를 더욱 시기하였습니다.

그들은 다니엘을 그 지위에서 끌어내리기 위해 애썼고, 때로는 그의 목숨을 빼앗기 위한 모략도 서슴지 않았습니다(단 6:4, 7). 그때 다니엘의 유일한 위로는 하나님 앞에 기도하는 것이었습니다.

정적들은 다니엘을 함정에 빠트리기 위해 법령까지 제정하였습니다. 이는 다니엘에게서 아무런 허물도, 어떠한 그릇됨도 찾을 수 없었기 때문입니다(단 6:4). 다니엘을 넘어뜨릴 방법이 없었던 그들은 하나님의 율법에서 그를 고발할 증거를 찾기로 했습니다(단 6:5). 그래서 왕에게 나아가 왕 외의 어떤 신에게나 사람에게 무엇을 구하면 사자 굴에 던져 넣는 것을 법령으로 제정해 달라고 청하였던 것입니다(단 6:7).

왕은 이 조서에 도장을 찍었고(단 6:9), 다니엘도 그 사실을 알았습니다(단 6:10). 그런데도 그는 늘 하던 대로 하나님께 기도하였습니다. "다니엘이 이 조서에 왕의 도장이 찍힌 것을 알고도 자기 집에 돌아가서는 윗방에 올라가 예루살렘으로 향한 창문을 열고 전에 하던 대로 하루 세 번씩 무릎을 꿇고 기도하며 그의 하나님께 감사하였더라"(단 6:10).

그는 이방 땅에서 누리는 하나님과의 영적 교제를 가장 소중하게 여겼습니다. 이것은 그에게 하나님 나라에 대한 갈망이 있었기 때문입니다. 다니엘은 하나님의 나라를 사모하였습니다.

이스라엘이 망했을 때 하나님의 이름은 멸시를 받았습니다. 사람들은 이방의 신들이 이겼다고 생각하였습니다. 하나님의 이름이 조롱당하는 상황에서 다니엘은, 개인의 입신영달을 도모할 수 없었습니다.

사자 굴에서 기적적으로 살아 나왔으나 그것으로 만족할 수 없었습니다(단 6:20-22). 이스라엘이 멸망함으로써 땅에 떨어진 하나님의 이름이 다시 높아지는 때를 그리워하였습니다. 그리고 그것이 이방의 땅에 살아 있는 이유가 되었습니다.

다니엘이 바벨론에 거하는 동안 왕조와 왕들이 바뀌었습니다. 그는 바벨론의 느부갓네살 왕과 벨사살 왕 치세에 봉직했으며(단 1:1, 5:29), 메대가 바벨론을 점령한 후에는 다리오 왕 밑에서 일했습니다(단 6:1-3). 그 후 바사 초대 왕 고레스 원년까지 왕실에서 봉사하였습니다(단 1:21).

세상 왕조가 수차례 변하는 동안 이스라엘은 역사 속에서 잊혀졌고, 이방 나라는 강력해졌습니다. 그럼에도 불구하고 다니엘은 하나님 나라를 위해 기도하였습니다. 얼어붙은 이스라엘의 역사의 한 시점을 뜨거운 기도로 녹였고, 가장 어두운 시대를 말씀으로 밝히시는 하나님을 만났습니다.

오늘날에도 이런 사람들이 필요합니다. 자기의 문제만이 아니라 교회와 하나님 나라를 위해 눈물로 기도하는 사람들이 필요합니다. 하나님의 통치가 이 땅에서 이루어지도록 기도에 헌신하는 사람들이 필요합니다.

말씀을 깨달음

어느덧 다니엘은 노인이 되었습니다. 정권이 바뀌어도 여전히 높은 지위에 있다는 것이 그에게 위로가 되었을까요? 왕이 주는 상급으로 마음이 부유했을까요? 그렇지 않았습니다.

이스라엘은 망했고, 성전은 파괴되었습니다. 이스라엘 백성들은 이방 땅에서 고통받고 있었습니다. 절기를 따라 제사를 드리던 시절은 아득한 기억으로만 남았습니다. 동족들과 함께 하나님의 집에서 누리던 기쁨은 추억 속에 아스라해졌습니다. 이스라엘 나라가 회복될 수 있으리라는 희망은 어디서도 찾을 수 없었습니다.

그토록 절망적인 때에 다니엘은 하나님의 말씀을 읽었습니다. 예레미야서를 읽을 때 이스라엘을 향한 하나님의 뜻을 깨달았습니다. "이 모든 땅이 폐허가 되어 놀랄 일이 될 것이며 이 민족들은 칠십 년 동안 바벨론의 왕을 섬기리라 여호와의 말씀이니라 칠십 년이 끝나면 내가 바벨론의 왕과 그의 나라와 갈대아인의 땅을 그 죄악으로 말미암아 벌하여 영원히 폐허가 되게 하되"(렘 25:11-12).

모든 것이 끝난 것 같았습니다. 사람들은 하나님께서 이스라엘을 버렸다고 생각했습니다(렘 7:29, 33:24). 그러나 하나님께서는 이스라엘의 역사를 붙들고 계셨습니다. 다니엘은 그 증거를 이방의 땅에서 보았습니다. "곧 그 통치 원년에 나 다니엘이 책을 통해 여호와께서 말씀으로 선지자 예레미야에게 알려 주신 그 연수를 깨달았나니 곧 예루살렘의 황폐함이 칠십 년 만에 그치리라 하신 것이니라"(단 9:2).

하나님께서는 다니엘에게 멸망 후 70년이 지나면 예루살렘이 회복될 것이라는 사실을 알려 주셨습니다. 이스라엘이 다시 고토(故土)로 돌아간다는 것은 단순히 지상 나라의 회복을 의미하는 것이 아니었습니다. 그것은 이스라엘을 향한 하나님의 은혜가 회복될 것을 보여주는 사건이었습니다(사 40:1-2 참고).

예루살렘 중심에는 성전이 있습니다. 성전을 재건한다는 것은 다시 하나님께 제사를 드리게 됨을 말합니다. 그리고 제사를 드린다는 것은 하나님과의 영적 교제가 회복되는 것을 뜻했습니다. 이는 하나님과의 관계가 다시 세워짐을 보여줍니다.

말씀을 깨달으면 기도가 바뀐다

다니엘은 항상 기도하는 사람이었습니다. 하지만 말씀을 깨달은 후에는 특별히 더욱 회개의 기도를 드렸습니다. 말씀을 깨닫자 그의 기도도 바뀌었습니다. "내가 금식하며 베옷을 입고 재를 덮어쓰고 주 하나님께 기도하며 간구하기를 결심하고"(단 9:3).

말씀의 감화는 바른 기도를 드리게 할 뿐 아니라 기도가 깊어지게 합니다. 왜냐하면 말씀의 빛은 죄를 비추기 때문입니다. 그리고 하나님께서 진정으로 원하는 것이 무엇인지 알게 하기 때문입니다. 그러면 죄를 회개하게 됩니다. 그때 자신 안의 잘못 세워진 것들은 무너지고, 올바른 것들이 세워지게 됩니다(렘 1:10). 그래서 지혜자는 말합니다. "사람이 귀를 돌려 율법을 듣지 아니하면 그의 기도도 가증하니라"(잠 28:9).

오늘날 많은 사람들의 기도생활은 얕은 물에서 첨벙거리는 것 같습니다. 이는 그들이 하나님의 말씀을 깊이 깨닫지 못하기 때문입니다. 그래서 기도하지만 마음은 여전히 자기 사랑의 말뚝에 매여 있습니다.

마지막으로 말씀을 깨달았던 적은 언제입니까? 이전에 미처 생각하지 못했던 죄가 마음을 깊이 찌른 때는 언제입니까? 하나님의 위엄과 사랑을 경험한 때가 언제입니까?

성경은 그리스도인의 교양을 위한 책이 아닙니다. 성경은 두 가지 지식을 인간에게 전달합니다. 무엇을 믿어야 할지에 대한 것과 어떻게 살아야 할지에 대한 지식입니다. 다시 말해서 '믿음의 규칙'과 '생활의 교훈'에 관한 지식입니다.[14] 그뿐만 아니라 성경은 말씀을 깨달은 이에게

---

14 김남준, 「자기 깨어짐」 (서울: 생명의말씀사, 2006), 234.

실제로 그러한 삶을 살 수 있는 힘을 하늘로부터 공급해 줍니다.

말씀을 경험한다 하더라도 그것이 주는 의미에 대한 깊은 인식이 없다면 그 경험은 살아 있는 것이 아닙니다. 그래서 말씀의 경험이 유지되기 위해서는 지식의 의미를 파고들어야 합니다. 시인 T. S. 엘리엇(T. S. Eliot, 1888-1965)의 말을 기억하십시오. "경험했으나 의미를 잃어버렸다. 의미를 캐 들어가자 경험이 회복되었다."[15]

깊고 간절한 기도생활을 잃어버렸다면 말씀의 의미를 깨달으려고 노력하십시오. 하나님의 말씀에 은혜를 받아야 합니다. 성경 말씀이 나에게 무엇을 말하는지 들어야 합니다. 그래야 우리의 기도생활도 회복될 수 있습니다.

소망이 있는 말씀

멸망당해 불타는 예루살렘 한가운데서 예레미야는 통곡하였습니다. 그는 하나님의 심판을 홀로 감당하는 것 같았습니다. 그때 그는 탄식하였습니다. "지나가는 모든 사람들이여 너희에게는 관계가 없는가 나의 고통과 같은 고통이 있는가 볼지어다 여호와께서 그의 진노하신 날에 나를 괴롭게 하신 것이로다"(애 1:12).

---

[15] "We had the experience, but missed the meaning, but approach to the meaning restored the experience." Alister E. McGrath, *Justification by Faith* (Grand Rapids: Academic Books, 1990), 14.

예레미야는 절망적인 상황에서 부르짖었습니다. "이로 말미암아 내가 우니 내 눈에 눈물이 물같이 흘러내림이여 나를 위로하여 내 생명을 회복시켜 줄 자가 멀리 떠났음이로다 원수들이 이기매 내 자녀들이 외롭도다"(애 1:16).

무엇보다 그의 마음은 죽을 것 같은 고통을 경험하였습니다. "주께서 내 심령이 평강에서 멀리 떠나게 하시니 내가 복을 내어버렸음이여 스스로 이르기를 나의 힘과 여호와께 대한 내 소망이 끊어졌다 하였도다"(애 3:17-18).

그런데 폐허가 된 예루살렘 한복판에서 예레미야는 갑자기 하나님을 찬양합니다. 현실 너머에 있는 하나님의 언약적 사랑을 믿음으로 보았기 때문입니다. "여호와의 인자와 긍휼이 무궁하시므로 우리가 진멸되지 아니함이니이다 이것들이 아침마다 새로우니 주의 성실하심이 크시도소이다 내 심령에 이르기를 여호와는 나의 기업이시니 그러므로 내가 그를 바라리라 하도다"(애 3:22-24).

그는 비참한 상황 너머에 있는 하나님의 약속을 바라보았습니다. 비록 지금은 죄 때문에 나라가 망하였지만 때가 되면 하나님께서 이루실 소망을 바라보았습니다. 그러자 마음 깊은 곳에서 하나님을 향한 찬양이 솟구쳐 올랐습니다.

눈에 보이는 이스라엘은 망했지만 보이지 않는 하나님 나라는 굳건히 서 있었습니다. 눈에 보이는 기업은 사라졌지만 영원하신 하나님께서는 여전히 백성들과 함께하셨습니다. 그 사실을 생각할 때 예레미야는 하나님으로 인하여 만족할 수 있었습니다. 그래서 이렇게 말합니다. "사람이 여호와의 구원을 바라고 잠잠히 기다림이 좋도다"(애 3:26).

다니엘도 이런 믿음으로 역사를 바라보았습니다. 그는 위대한 역사의 새벽이 밝았다는 한 줄기 빛을 외교 정세에서 판별하지 않았습니다. 하나님의 말씀에서 보았습니다.

말씀으로 살리심

하나님께서는 당신의 자녀를 말씀으로 다시 살리십니다. 그러므로 어려움 가운데 있더라도 낙심하지 마십시오. 하나님의 말씀을 깨닫기를 힘쓰십시오. 이것이 우리가 낙심하지 않을 수 있는 길입니다.

시인을 보십시오. 그는 요동치는 삶의 상황 속에 있었습니다. 악한 자들에게 에워싸여 있었고, 그를 돕는 자는 없었습니다. 하나님의 말씀을 지키며 살기 어려운 때였습니다. 그런데 시인은 뜻밖에도 이렇게 고백합니다. "내가 주의 법도들을 사랑함을 보옵소서 여호와여 주의 인자하심을 따라 나를 살리소서"(시 119:159).

시인은 자신의 삶의 상황을 일일이 하나님께 고하는 대신 이렇게 고백합니다. "주의 말씀이 심히 순수하므로 주의 종이 이를 사랑하나이다"(시 119:140).

시인은 자신의 어려운 상황으로 말씀을 덮어 버리지 않았습니다. 말씀보다 더 시급하고 중요한 문제가 있다고 여기지 않았습니다. 오히려 고난받는 날에 유일한 위로는 말씀이었습니다(시 119:50). 그래서 환경을 탓하거나 사람을 원망하는 대신 하나님의 법도(法度)와 교훈들을 붙들었습니다.

우리는 흔히 어려운 일이 생기면 말씀을 지킬 의무를 쉽게 저버립니다. 그러나 그러할 때일수록 말씀을 깨달아야 합니다. 더 굳은 결심으로 하나님의 말씀에 순종하여야 합니다. 하나님께서는 말씀으로 영혼을 살리시기 때문입니다. 말씀으로 살아난 영혼의 기도는 폭발하는 힘이 있습니다. 살아난 영혼은 하나님을 향한 생명과 사랑으로 충만해지기 때문입니다.

예수 그리스도께서는 "너희가 내 안에 내가 너희 안에"라고 하시지 않고 "너희가 내 안에 거하고 내 말이 너희 안에 거하면"이라고 말씀하십니다(요 15:7). 그분의 말씀이 우리 안에 거하는 것과 그분 자신이 우리 안에 거하는 것은 동등합니다. 이는 우리의 영적인 생활, 특별히 우리의 기도에 있어 하나님의 말씀이 차지하는 위치가 얼마나 중요한지를 명시합니다.[16]

회복의 소망이 하나님의 말씀에 있습니다. 현실이 절망스러울수록 더

---

16 앤드류 머리, 『그리스도의 기도 학교에서』, 김성환 역 (서울: 생명의말씀사, 1995), 180.

욱 말씀을 사모하십시오. 영적 침체가 깊으면 깊을수록 말씀으로 돌아가십시오. 마음의 시선을 하나님께로 고정하고 하늘로부터 오는 소망을 구하십시오. 현실이 낙담케 할지라도 용기를 가지십시오. 말씀을 통해서 삶의 이유를 발견하려 노력하십시오.

만약 말씀의 은혜를 받았다면, 말씀을 깨달았다면 그것을 붙들고 간절히 기도하여야 합니다. 그때 우리는 그리스도와의 실제적인 연합 안에서 풍성한 기도생활을 누릴 수 있을 것입니다(요 10:10 참고).

기도하기로 결심함

말씀을 깨달은 다니엘은 기도하기로 결심하였습니다. "주 하나님께 기도하며 간구하기를 결심하고"(단 9:3).

우리는 신령한 은혜를 경험함으로써 깊은 기도의 세계로 들어가게 됩니다. 하나님께서 은혜를 주시면 우리는 짊어지고 온 수많은 기도 제목들을 한쪽에 놓아두고 전혀 생각하지 못했던 것을 붙들고 기도하게 됩니다.

다니엘 역시 말씀을 깨닫고 새삼 기도하기로 결심했습니다. 이는 그로 하여금 기도하지 못하게 하는 요인이 있음을 보았기 때문입니다.

그는 이방의 땅에서 뜻을 세우지 않으면 기도할 수 없다는 것을 알았습니다. 정적들이 자기의 기도생활을 방해하려는 것을 알았습니다. 그래서 그는 더욱 기도하기로 결심하였습니다. 하나님께서 은혜를 주셔야 기도할 수 있다고 핑계 대지 않고 기도하기로 결단하였습니다. 우리에게도 이러한 용기가 필요합니다.

위대한 기도의 사람은 어느 날 하늘에서 갑자기 나타나지 않습니다. 기도의 사람은 은혜의 요람에서 태어납니다. 그리고 광야의 연단으로 더욱 강해집니다. 치열하게 분투하는 삶 속에서 용사로 자라갑니다. 그러기에 기도의 사람은 기도하지 못하게 하는 환경들과 싸워 승리한 백전노장(百戰老將)입니다.

언제까지 힘겨운 상황을 핑계로 기도를 게을리하겠습니까? 나태한 삶을 합리화하며 뒤로 물러나고 있습니까? 우리는 기도하지 못하게 하는 것들과 싸우기로 결심해야 합니다. 삶을 재정비하여 기도하기로 힘써야 합니다. 환경은 순응해야 할 대상이 아니라 극복해야 할 대상입니다. 기도하기로 뜻을 세우는 결단이 깊은 기도로 들어가는 첫걸음입니다.

맺는 말

말씀을 깨달아야 기도가 변합니다. 육신의 생각에 매인 기도는 정욕으로 구하는 것입니다(약 4:3). 그런 기도는 응답되지 않습니다. 그런 기도로는 만약 자기가 원하는 대로 된다면 하나님을 잊어버리게 될 것이며, 만약 자기 뜻대로 되지 않는다면 그분을 원망하게 될 것입니다.

진리에 의해 밝혀진 마음만이 하나님을 사랑하게 합니다. 진리에 의해 올바르게 질서 지워진 사랑만이 참으로 가치 있는 것이 무엇인지 알게 하고, 덜 가치 있는 것들을 그 아래 복종시킵니다. 그때 기도가 하나님의 소원을 반영하게 됩니다.

기도할 수 없으리만치 마음이 무너졌다면 마음을 고요하게 하십시오. 그리고 우선 말씀을 묵상하십시오. 이 세상에서 가장 먼 길은 머리에서 가슴까지의 거리입니다. 그러나 성령께서는 그 간격을 메우십니다. 성령께서는 말씀의 감화를 받은 자의 마음에 은혜를 부어 주셔서 참된 기도자의 마음을 갖게 하십니다.

그러므로 성령의 은혜로 말씀을 깨닫게 해 달라고 기도하십시오. 깨달은 말씀이 있다면 그것을 붙들고 간절히 기도하려고 애쓰십시오. 그때 우리의 기도생활도 회복될 것입니다.

God
Who Is
There
and
Answers
Me

나눔 1.

우리는 어려움을 만날 때 기도의 자리로 나아갑니다. 그런데 어떤 경우에는 하나님의 말씀을 깨달음으로써 기도 제목이 변하기도 합니다. 그래서 기도만 열심히 해서는 안 됩니다. 하나님의 말씀을 깨달으려 노력해야 합니다. 그 깨달음을 통해서 우리는 말씀하시는 하나님을 만나게 됩니다. 하나님을 만날 때 우리의 기도는 올바른 방향을 찾게 되고 힘을 갖게 됩니다.

말씀을 깨달음으로써 처음에는 생각하지도 않았던 기도 제목을 붙들고 기도한 적이 있습니까? 있다면 나누어 보고, 말씀과 기도의 관계에 대해서 생각해 봅시다.

나눔 2.

바벨론 사람들의 멸시와 권모술수 속에서도 다니엘은 꿋꿋이 살아갔습니다. 그에게는 살아야 하는 이유가 있었습니다. 그것은 하나님의 나라에 대한 소망이었습니다. 세상의 역사는 바벨론에서 메대와 바사로, 그리고 헬라, 로마로 변했습니다. 그러나 다니엘은 흔들리지 않는 영원한 나라, 주 되신 예수 그리스도께서 통치하시는 영원하고도 견고한 나라를 바라보았습니다.

하나님의 나라를 위해 쓰임받고 있다고 생각해 본 적이 있습니까? 이 땅에 이루어질 하나님의 나라, 그리고 이 일에 쓰임받을 교회를 위해 기도하는 시간을 가집시다.

죄는 하나님에 대한 반역이며, 하나님으로부터 독립하려는 마음입니다. 그래서 죄가 있으면 하나님을 의지하려고 하지 않습니다. 하나님을 의지하지 않는데 어떻게 열렬한 기도가 나오겠습니까? 죄로부터 영혼이 자유로워진 후에야 깊은 기도로 들어갈 수 있습니다. 회개 없이 하나님과의 관계는 회복될 수 없습니다. 회개는 영혼 깊은 곳에서 터져 나오는 열렬한 기도를 가능하게 합니다. 그런 마음 안에서 성령께서 역사하시기 때문입니다.

제8장

기도와 회개

회개할 때 기도가 강해진다

> 내가 금식하며 베옷을 입고 재를 덮어쓰고 주 하나님께 기도하며 간구하기를 결심하고 내 하나님 여호와께 기도하며 자복하여 이르기를 크시고 두려워할 주 하나님, 주를 사랑하고 주의 계명을 지키는 자를 위하여 언약을 지키시고 그에게 인자를 베푸시는 이시여 **단 9:3-4**

이스라엘의 역사적 멸망은 단순히 나라를 잃어버린 설움을 의미하는 것이 아니었습니다. 그것은 이스라엘로 하여금 종교적 좌절을 경험하게 하였습니다. 하나님께서 이스라엘을 버리셨다는 절망을 느끼게 하였기 때문입니다.

나라의 멸망과 함께 많은 이스라엘 사람들이 하나님의 백성으로서의 독특성을 잃어버렸습니다. 그리고 각자 자신의 목숨을 연명하기에 급급했습니다(애 1:11). 대부분의 사람들이 이제는 모든 것이 끝났다고 생각하였습니다.

기도의 사람을 사용하신다

하나님께서 한 사람을 역사의 주인공으로 삼으시는 방법은 인간의 생각과 다릅니다. 세상에서는 제도 안에서 쌓은 지식과 사회적인 조건들로 인정받습니다. 그러나 하나님께서는 기도의 사람을 중요하게 보십니다. 그들을 통해서 역사를 움직이십니다.

어디서도 희망을 찾을 수 없는 시대였습니다. 마치 이스라엘 역사는 어두운 밤바다를 표류하는 것 같았습니다. 그러나 하나님께서는 역사를 움직일 한 사람을 준비하고 계셨습니다. 여전히 하나님의 인자와 자비가 그치지 않았다는 사실을 알릴 사람을 찾으셨습니다.

교회의 역사를 보면, 하나님께서 어떤 사람을 사용하시는가에 대한 통일적인 원칙을 발견할 수 없습니다. 인격적으로 잘 다듬어진 사람을 사용할 때도, 그렇지 않을 때도 있습니다. 학문이 뛰어난 사람을 사용할 때도, 그렇지 않을 때도 있습니다. 젊은 사람을 사용할 때도, 나이 든 사람을 사용할 때도 있습니다.

그러나 한 가지 원리가 있습니다. 그것은 거룩한 하나님 앞에서 끊임없이 자신의 부족을 발견하는 사람들을 사용하신다는 것입니다. 하나님의 은혜만이 자신을 살아 있게 한다고 고백하는 기도의 사람을 사용하십니다. 다니엘이 바로 그런 사람이었습니다.

기도하며 간구하기를 결심하고

메대 족속 아하수에로의 아들 다리오가 갈대아 나라 왕으로 세움을 받던 첫 해의 일이었습니다(단 9:1). 다니엘은 예레미야의 서책을 통해 예루살렘의 황폐함이 70년 만에 그치리라는 사실을 깨달았습니다(단 9:2).

말씀을 깨달은 다니엘이 무엇을 하였습니까? 성경은 이렇게 기록합니다. "내가 금식하며 베옷을 입고 재를 덮어쓰고 주 하나님께 기도하며 간구하기를 결심하고"(단 9:3).

왜 다니엘은 베옷을 입고 재를 뒤집어쓰면서까지 금식 기도를 하였을까요? 다니엘은 죄의 문제를 주목하였습니다. 이스라엘이 멸망한 이유가 죄 때문임을 보았습니다. 그것은 이스라엘을 다루시는 하나님의 종교적이고 도덕적인 통치에 의한 것이었습니다. "이스라엘이 가까운 곳에 있는 자들이나 먼 곳에 있는 자들이 다 주께서 쫓아내신 각국에서 수치를 당하였사오니 이는 그들이 주께 죄를 범하였음이니이다"(단 9:7).

예전에도 다니엘은 죄를 심각하게 생각하였습니다. 그가 바벨론 땅에 끌려왔을 때 왕의 상에서 나오는 포도주와 음식으로 자신을 더럽히지 않겠다고 결심한 것도 바로 그 때문이었습니다. 죄 때문에 나라가 망했으니 또다시 죄를 짓지 않기로 마음먹었을 것입니다. "다니엘은 뜻을 정하여 왕의 음식과 그가 마시는 포도주로 자기를 더럽히지 아니하리라 하고 자기를 더럽히지 아니하도록 환관장에게 구하니"(단 1:8).

다니엘은 다시 한 번 하나님의 말씀 앞에서 죄가 얼마나 큰 문제인지를 깨닫게 되었습니다. 예레미야는 이스라엘이 죄로 인해 멸망할 것이라는 사실을 예언하였습니다. 이스라엘 백성이 수십 년 동안 이방의 땅에서 살아가야 했던 이유도 죄 때문이었습니다. 그리고 바벨론이 망하게 되는 것도 마찬가지로 죄 때문이었습니다(렘 25:12).

하나님께서는 세상 모든 나라의 흥망을 주관하십니다. 거기에는 죄의 문제가 있습니다. 다니엘은 말씀을 통해서, 역사 속에서 이스라엘의 죄를 다스리시는 하나님의 손길을 보았습니다. 그래서 그는 이스라엘의 죄를 마치 자신의 죄인 것처럼 끌어안고 회개하지 않을 수 없었습니다.

말씀으로 죄를 깨달음

죄를 다루지 않고는 기도의 능력을 논할 수 없습니다. 이사야 선지자는 말합니다. "여호와의 손이 짧아 구원하지 못하심도 아니요 귀가 둔하여 듣지 못하심도 아니라 오직 너희 죄악이 너희와 너희 하나님 사이를 갈라놓았고 너희 죄가 그의 얼굴을 가리어서 너희에게서 듣지 않으시게 함이니라"(사 59:1-2).

하나님께서는 우리를 깊은 기도의 세계로 인도하기 위하여 요구하시는 것이 있습니다. 우리가 내려놓기를 바라시는 것이 있습니다. 그것이 바로 죄(罪)입니다. 감추어진 죄가 있어도 경건의 모양을 가질 수는 있습니다. 그러나 그 속에는 어둠의 세력을 파하는 경건의 능력은 없습니다(딤후 3:5).

E. M. 바운즈(E. M. Bounds, 1835-1913)는 이에 대해 말합니다. "본질적으로 말해서, 우리는 죄를 버리든가 기도를 중단하든가 둘 중에 하나를 택해야 한다. 차갑고 형식적인 기도를 드리면서 악행을 일삼는 사람이 있을 수 있지만 하나님이 보시기에 이런 사람의 기도는 기도가 아니다. 기도는 삶을 고칠 때 그만큼 강해진다. 깨끗한 마음으로 하나님을 찾을 때 기도는 강해진다."[17]

하나님의 놀라운 약속을 받고도 그것을 누리지 못하는 원인이 무엇입니까? 기도의 은혜를 지속적으로 누리지 못하는 이유가 무엇입니까? 온갖 좋은 은사와 온전한 선물이 하나님께로부터 옴에도 불구하고(약 1:17) 그분을 신뢰하지 못하는 이유가 무엇입니까? 모두 죄 때문입니다.

죄는 하나님에 대한 반역(反逆)이며, 하나님으로부터 독립(獨立)하려는 마음입니다. 그래서 죄가 있으면 하나님을 의지하려고 하지 않습니다. 하나님을 의지하지 않는데 어떻게 열렬한 기도가 나오겠습니까?

---

17 E. M. 바운즈, 『기도의 심장』, 이용복 역 (서울: 규장, 2007), 134-135.

요즘은 그리스도인이라고 할지라도 죄를 대수롭지 않게 생각합니다. 어떤 생각과 행동들은 이제 더 이상 죄가 아니라는 세상의 가치관을 따릅니다. 사람들은 죄에 대해 듣는 것도 싫어합니다. 그래서 눈물 흘리는 회개는 낯선 풍경이 되었습니다. 그러나 하나님께서 세상 나라와 교회를 다루는 중요한 요소가 바로 죄입니다.

죄로부터 영혼이 자유로워진 후에야 깊은 기도로 들어갈 수 있습니다. 회개 없이 하나님과의 관계는 회복될 수 없습니다. 회개는 영혼 깊은 곳에서 터져 나오는 열렬한 기도를 가능하게 합니다. 그런 마음 안에서 성령께서 역사하시기 때문입니다.

금식의 유익

이러한 마음에 대한 아주 좋은 처방이 금식입니다. 금식은 육신을 위한 음식을 끊는 것만이 아니라 마음을 정화하는 수단입니다. 그래서 금식은 마음의 죄를 끊고 하나님만 바라보게 합니다.

가끔 아이들이 밥을 먹지 않는 것으로 부모를 협박(?)합니다. 자신이 원하는 대로 해주지 않으면 밥을 안 먹겠다고 투정을 부립니다. 금식 기도는 이런 마음으로 하는 것이 아닙니다.

실제로 금식을 한다고 기도를 더 많이 하는 것은 아닙니다. 오히려 여러 날 금식하면 체력의 한계에 이르게 됩니다. 단지 눈을 감고 주님의 이름만 부르게 됩니다. 그런데도 금식 기도에는 능력이 있습니다. 그 이유는 마음의 집중(集中) 때문입니다.

여러 날 금식하면 욕망이 사라집니다. 마음과 정신은 욕망으로부터 자유롭게 됩니다. 그래서 금식 기도가 깊어질수록 마음은 하나님만 바라봅니다. 자신의 비참함과 무력함을 깨달으면서 예수 그리스도 외에는 소망이 없다는 사실을 알게 됩니다. 그리하여 하나님께만 집중하게 됩니다. 금식의 유익이 여기에 있습니다.

청교도 토머스 보스턴(Thomas Boston, 1676-1732)은 금식의 유익을 다섯 가지로 제시합니다. 금식은 첫째로, 신앙의 참맛을 경험하게 합니다. 둘째로, 영적으로 퇴보한 자를 회복시킵니다. 셋째로, 영적으로 퇴보하는 것을 방지합니다. 넷째로, 시련의 시간을 준비하게 합니다. 다섯째로, 죽음을 준비하게 합니다.[18]

그렇습니다. 금식의 실천은 머리로만 알던 신앙의 가치들을 직접 체험하게 해줍니다. 단어 하나하나에 깃들어 있는 의미를 인격적으로 경험하게 해줍니다. 또한 영적으로 미끄러지고 침체에 빠진 자들을 다시 충만한 신앙으로 돌아오게 합니다. 핍박이나 환난을 앞두고 갖는 금식의 실천은 마음을 강하게 하고 담대한 소망을 줍니다.

기도의 능력은 큰소리에 있는 것이 아닙니다. 하나님을 향한 집중에 있

---

[18] Thomas Boston, *A Memorial Concerning Personal and Family Fasting and Humiliation*, in *The Complete Works of the Late Rev. Thomas Boston*, vol. 11, ed. Samuel MacMillan (Stoke-on-Trent: Tentmaker Publications, 2009), 389-393.

습니다. 믿음으로 실천하는 금식은 마음을 비상하리만치 집중케 합니다. 하나님 한 분에 영혼의 시선을 고정하게 합니다. 이렇게 집중하는 기도는 강한 화살이 되어 하늘로 솟구쳐 오릅니다. 악한 영들이 있는 하늘을 뚫고 하나님의 보좌로 날아갑니다. 하나님에 대한 집중이 없기 때문에 수많은 기도가 입술은 떠났으나 보좌에 이르지 못한 채 흩어집니다.

다니엘은 금식하면서 하나님을 바라보았습니다. 밤하늘의 별을 바라보며 항로를 찾는 망망대해 위 뱃사공처럼 하나님만 바라보았습니다.

금식하며 기도하는 노인 다니엘을 생각해 보십시오. 궁중에서 회의가 끝나면 많은 사람들은 산해진미를 즐겼을 것입니다. 그러나 다니엘의 마음은 거기에 없었습니다. 그는 고요히 하나님만을 바라보았습니다.

그는 아무도 없는 곳에서 금식하며 베옷을 입고 재를 덮어쓴 가운데 기도하였습니다. 자신과 이스라엘이 얼마나 비천한 존재인지를 깨달으며 오직 하나님께 매달렸습니다. 인간이 아니라 하나님에 의해 실현될 미래를 바라보았습니다. 이 땅에 이루어질 하나님 나라의 회복을 위해 간절히 기도하였습니다.

공동체의 죄를 끌어안고

금식하는 다니엘은 베옷을 입었습니다. 베옷은 사람이 죽었을 때 입는 옷입니다. 그래서 슬픔을 상징합니다(시 30:11, 마 11:21). 다니엘은 하나님께 금식하며 매달렸습니다. 화려한 궁중의 관복을 벗고 죽음을 상징하는 베옷을 입었습니다. 이는 다니엘의 마음이 죄로 인해 하나님 앞에 얼마나 낮아졌는지를 보여줍니다.

그리고 다니엘은 재를 덮어썼습니다. 이는 재와 자신의 동질화(同質化)를 의미합니다. 즉, 자신은 재와 같이 아무런 가치가 없는 자라는 고백입니다(에 4:1). 그러니 하나님께서 긍휼을 베풀어 달라는 것입니다.

다니엘은 이스라엘의 죄를 마치 자신의 죄처럼 회개하였습니다. 아마도 다니엘 자신은 괄목할 만한 죄를 짓지 않았을 것입니다. 그러나 다니엘은 조상들의 죄를 마치 자신이 지은 죄인 것처럼 아파하며 회개하였습니다.

조상의 죄는 곧 그의 죄였습니다. 이는 그들이 영적으로 한 공동체에 속해 있었기 때문입니다. "우리는 이미 범죄하여 패역하며 행악하며 반역하여 주의 법도와 규례를 떠났사오며 우리가 또 주의 종 선지자들이 주의 이름으로 우리의 왕들과 우리의 고관과 조상들과 온 국민에게 말씀한 것을 듣지 아니하였나이다"(단 9:5–6).

하나님께서는 죄를 개별적으로 다루시기도 하지만 공동체적으로 다루시기도 합니다. 그래서 공동체의 죄는 개인과 분리되지 않습니다. 그것은 하나입니다. 죄는 모두 한 몸 안에 있는 것이기 때문입니다.

이러한 사실은 또 다른 영적 지도자 에스라에게서도 나타납니다. 에스라는 예레미야의 예언이 실현되는 것을 눈으로 본 사람입니다. 그는 하나님께서 이스라엘을 고토로 돌아오게 하신 제2차 포로 귀환 때에 백성들의 지도자였습니다(스 7:7-8).

그런데 시간이 흐른 후 에스라는 예루살렘으로 돌아온 백성들이 범죄하였다는 소식을 들었습니다. 그때 그는 땅바닥에 엎드러졌습니다. "에스라가 하나님의 성전 앞에 엎드려 울며 기도하여 죄를 자복할 때에 많은 백성이 크게 통곡하매 이스라엘 중에서 백성의 남녀와 어린아이의 큰 무리가 그 앞에 모인지라"(스 10:1).

하나님의 백성들을 이끌던 위풍당당함은 사라졌고, 율법을 손을 들고 가르치던 학자의 위엄도 없어졌습니다. 그는 차마 하나님의 성전에 들어가지도 못하고 그 앞에 엎어져 울면서 기도하였습니다.

이는 그가 백성의 죄를 마치 자신의 것처럼 여겼기 때문입니다. "저녁 제사를 드릴 때에 내가 근심 중에 일어나서 속옷과 겉옷을 찢은 채 무릎을 꿇고 나의 하나님 여호와를 향하여 손을 들고 말하기를 나의 하나님이여 내가 부끄럽고 낯이 뜨거워서 감히 나의 하나님을 향하여 얼굴을 들지 못하오니 이는 우리 죄악이 많아 정수리에 넘치고 우리 허물이 커서 하늘에 미침이니이다"(스 9:5-6).

우리에게도 이런 사람이 필요합니다. 교회의 죄를 자신의 죄처럼 여기며 기도할 사람이 필요합니다. 손에 돌을 든 사람이 아니라 마음에 불을 품은 사람들이 필요합니다.

믿음의 선조들은 교회가 어려움을 당하면 자신이 아파하며 금식하고 기도하였습니다. 사랑하는 지체가 시련을 당하면 그것이 마치 자신의 문제인 것처럼 기도했습니다. 침체에 빠져 있던 사람이 하나님의 은혜로 회복되었다는 소식에 그것이 자신의 일인 것처럼 기뻐하였습니다. 위대한 지도자 모세는 이 일의 훌륭한 본보기입니다(출 32:31-32).

우리는 마땅히 교회를 자신의 몸처럼 사랑하여야 합니다(마 22:39). 교회의 죄를 마치 자신의 죄인 것처럼 품고 기도하여야 합니다.

그러나 지금은 그렇게 기도하는 사람이 흔하지 않습니다. 한 교회 안에 있으나 서로 관계가 없는 사람처럼 지낼 때가 더 많습니다. 한 걸음 더 나아가 지체를 시기하고 그들을 향해 불만을 품기도 합니다.

그런 사람들에게 남의 죄를 자신의 죄처럼 기도할 마음이 어떻게 생겨나겠습니까? 이것은 성경이 가르치는 성도의 공동생활이 아닙니다.

침체는 우리의 죄 때문임

다니엘은 고요히 이스라엘의 역사를 돌아보았습니다. 그때 놀라운 사실을 깨닫게 되었습니다. "주여 공의는 주께로 돌아가고 수치는 우리 얼굴로 돌아옴이 오늘과 같아서 유다 사람들과 예루살렘 거민들과 이스라엘이 가까운 곳에 있는 자들이나 먼 곳에 있는 자들이 다 주께서 쫓아내신 각국에서 수치를 당하였사오니 이는 그들이 주께 죄를 범하였음이니이다"(단 9:7).

다니엘은 공의는 주님께로 돌아가고 수치는 우리 얼굴로 돌아왔다고 말합니다. 이는 이스라엘이 심판받음으로 하나님의 의로우심을 드러냈다는 것입니다. 침체에 빠졌던 사람들이 하나님께로 돌아가 회복을 누리게 될 때는 이런 고백이 있습니다. "하나님께서는 의로우십니다."

우리의 삶이 잘못된 방향으로 흘러갈 때, 그 책임은 우리에게 있습니다. 모든 좋은 것은 하나님에게서 오고(약 1:17), 모든 나쁜 것은 우리에게서 나옵니다. 하나님의 은혜가 아니면 우리가 행할 수 있는 것은 죄뿐입니다. 이에 대해 아우구스티누스(Aurelius Augustinus, 354-430)는 그의 책 『영과 의문(義文)』(The Spirit and the Letter)에서 다음과 같이 말합니다. "진리의 길이 숨겨져 있다면, 자유 의지는 죄짓는 것 외에 다른 것을 할 수 없습니다. 또한 행해야 할 바가 무엇인지 분명하고 분투해야만 하는 그 목적이 확실하다 할지라도 그것을 기뻐하고 사랑하게 되지 않는다면, 우리는 행할 수도 없고 얻을 수도 없으며 선하게 살 수도 없습니다. 그러므로 그것을 사랑하게 하기 위해서 하나님의 사랑이 우리 안에서부터 비롯된 자유 의지를 통해서가 아니라 우리에게 주어진 성령을 통해서 우리 마음에 부어진 것입니다(롬 5:5)."[19]

영적 침체의 원인은 환경에 있지 않습니다. 더욱이 우리를 돕지 않으시는 하나님께 있는 것도 아닙니다. 모든 나쁜 것은 우리 자신 때문에 온

---

[19] Augustine, *The Spirit and the Letter*, in *The Works of Saint Augustine*, vol. I/23 (New York: New City Press, 2017), 145-146.

것입니다. 그리고 모든 좋은 것은 하나님에게서 주어진 것입니다. 좋은 것이 나쁘게 되었다면 우리의 죄 때문입니다. 나쁜 것이 좋게 되었다면 그것은 하나님의 은혜 때문입니다. 그래서 우리가 사모해야 할 것은 하나님의 은혜입니다.

하나님의 은혜를 간절히 사모하는 마음이 가난한 마음입니다(마 5:3). 그것은 하나님은 참되고 의로우시다는 고백에서 출발합니다(시 7:9, 11). 깊은 기도의 세계로 들어가려면 먼저 하나님에 대해 바르게 알아야 합니다. 하나님은 거룩하고 의로우신 분이심을 인정해야 합니다.

우리가 영적인 침체 속에서 고통을 겪는 것은 우리의 잘못 때문입니다. 하나님께서는 우리에게 은혜를 베푸셨으나 우리의 죄 때문에 그렇게 된 것입니다. 이 사실을 인정하는 것이 영적 회복의 첫걸음입니다.

크고 두려워할 하나님

다니엘은 이렇게 기도를 시작합니다. "크시고 두려워할 주 하나님"(단 9:4). 그는 인자를 베푸시는 하나님을 부르기 전에 하나님이 얼마나 크고 두려워할 분인지를 상기하였습니다.

다니엘도 그분이 사랑의 하나님이심을 알았습니다. 그러나 그에게 하나님은 함부로 대할 수 있는 분이 아니었습니다. 그분은 교회를 움직이고 세상의 역사를 주관하시는 분입니다.

하나님의 위대하심 앞에서 다니엘은 자신이 얼마나 작고 초라한지를 보았습니다. 하나님은 높고 위대하시고 두려운 분이셨으며, 자신은 그분께 은총을 입어야 할 존재였습니다. 이것이 하나님을 만난 사람의 겸비함입니다.

진정한 믿음은 하나님의 거룩하심을 안 믿음입니다. 그분 앞에서 자신이 얼마나 초라한 존재인지를 안 겸비한 마음입니다. 인간이 왜 그렇게 교만해집니까? 자신의 요구 사항을 줄줄이 말하고 그것을 들어주시지 않으면 마음을 닫는 이유가 무엇 때문입니까? 그것은 하나님이 어떤 분이신지를 알지 못하기 때문입니다.

세상을 변화시킨 사람들은 한결같이 겸비한 사람들이었습니다. 하나님의 은혜에 소망을 두었던 사람들입니다. 기도의 능력은 이런 사람들에게 경험됩니다.

우리는 하나님 앞에서 한없이 부족한 존재입니다. 낮아지고 또 낮아져 하나님의 은혜의 상에서 떨어지는 부스러기에도 감사할 수밖에 없는 사람들입니다(막 7:26-30).

그러므로 교만한 마음을 버리고 겸비한 마음을 가지십시오. 상황을 바라보고 자만하거나 낙심하는 마음을 버리고 하나님께 집중하십시오. 그리고 마음을 다해 하나님의 자비를 구하십시오. 그러면 하나님께서 만나주실 것입니다.

맺는 말

열렬한 기도는 정결한 마음에서 나오고, 회개의 눈물은 불결한 마음을 씻어 정결케 합니다. 신령한 진리의 빛은 뉘우친 마음에서 찬란하게 빛납니다. 이 모든 일이 회개에서 시작됩니다.

경건한 다니엘도 말씀을 통해 역사 속에서 일하시는 하나님의 손길을 경험하였습니다. 그는 재를 무릅쓰고 베옷을 입은 채 금식하며 기도하였습니다. 그는 원래 기도의 사람이었으나 회개와 금식 속에서 다시 한 번 기도가 강해지는 것을 경험했습니다.

회개하는 다니엘의 마음속에 떠올랐던 죄가 무엇이었을까요? 죄의 양태는 다양하였으나 그 모든 것은 하나로 모아졌습니다.

그것은 이스라엘이 하나님을 영화롭게 하지 못했다는 것입니다. 하나님의 백성으로 부름받았음에도 불구하고 하나님을 영화롭게 하지 못한 것, 그것이 그의 가슴을 찢어 놓는 기도 제목이 되었습니다.

무엇을 후회하고 있습니까? 무엇 때문에 가슴을 찢고 있습니까? 하나님께서는 자신의 큰 죄 때문에 슬퍼하는 영혼을 귀히 보십니다. "내가 너희에게 이르노니 이와 같이 죄인 한 사람이 회개하면 하늘에서는 회개할 것 없는 의인 아흔아홉으로 말미암아 기뻐하는 것보다 더하리라" (눅 15:7).

God
Who Is
There
and
Answers
Me

나눔 1.

기도의 대적은 죄입니다. 죄에 대한 사랑은 기도를 약화시킵니다. 기도 중에 혹은 말씀을 통해 자신 안에 감추어졌던 죄를 깨달은 경험이 있을 것입니다. 그때 우리는 마음을 찢는 회개의 눈물을 흘렸습니다. 그러나 어느 사이엔가 그 죄는 다시 우리 안에서 자라고 있습니다. 회개가 일평생 계속되어야 할 성화의 과정인 것이 바로 이 때문입니다.

기도 속에서 죄가 죽는 과정을 경험하였던 때가 있을 것입니다. 그때 마음이 어떻게 변화되었었는지 나누어 봅시다.

나눔 2.

우리는 비판에 너무 익숙해졌습니다. 그래서 어느 교회가 잘못을 하면, 누군가가 잘못을 하면 벌떼처럼 달려들어 지적합니다. 물론 그냥 넘어가지 말아야 할 잘못도 있습니다. 그러나 우리는 한 몸입니다. 교회 공동체의 죄를 나의 죄처럼 여겨야 합니다.

다른 사람의 죄가 마치 나의 죄인 것처럼 여겨졌던 은혜의 경험에 대해 생각해 봅시다. 무엇이 다른 지체들의 죄를 나의 죄로 느끼게 하는지 나누어 봅시다.

성령 안에서 기도할 때 우리는 하늘의 능력을 누릴 수 있습니다. 하나님의 마음에 가장 합한 기도를 드릴 수 있습니다. 어떤 사람은 많은 고통을 겪은 다음에야 비로소 자신이 원하던 것이 하나님의 뜻이 아니었음을 깨닫습니다. 그러나 성령 안에서 기도하면 하나님께서 기뻐하시는 뜻을 말씀을 통해 알게 됩니다. 성령께서는 하나님의 깊은 것까지도 아시기 때문입니다. 그래서 성령 안에서 기도하는 사람들은 하나님의 뜻에 합한 기도를 하게 됩니다.

제9장

기도와 성령

성령의 능력으로 깊이 기도할 수 있다

내가 또 너희에게 이르노니 구하라 그러면 너희에게 주실 것이요 찾으라 그러면 찾아낼 것이요 문을 두드리라 그러면 너희에게 열릴 것이니 구하는 이마다 받을 것이요 찾는 이는 찾아낼 것이요 두드리는 이에게는 열릴 것이니라 너희 중에 아버지 된 자로서 누가 아들이 생선을 달라 하는데 생선 대신에 뱀을 주며 알을 달라 하는데 전갈을 주겠느냐 너희가 악할지라도 좋은 것을 자식에게 줄 줄 알거든 하물며 너희 하늘 아버지께서 구하는 자에게 성령을 주시지 않겠느냐 하시니라 눅 11:9-13

어느 날 예수 그리스도께서 한 곳에서 기도하시다가 다 마치신 후 쉬고 계셨습니다. 그때 제자 중 한 사람이 기도를 가르쳐 달라고 요청하였습니다. "주여 요한이 자기 제자들에게 기도를 가르친 것과 같이 우리에게도 가르쳐 주옵소서"(눅 11:1). 아마 기도하시는 예수님의 모습에 깊은 감명을 받았기 때문일 것입니다.

그때 가르쳐 주신 것이 주기도문입니다(눅 11:2-4).

기도의 형식과 태도

예수님께서는 주기도문을 통해서, 기도의 형식(pattern)이 어떠해야 하는지를 가르쳐 주셨습니다. 우리는 주기도문을 통해서 예수 그리스도께서 이루시고자 했던 초기 기독교 공동체의 모습을 그려 볼 수 있습니다. 그리고 그것은 오늘날에도 여전히 참된 기독교가 무엇인지 알려 줍니다.

많은 사람들이 주기도문을 예배를 끝낼 때 형식적으로 외웁니다. 그러나 그런 용도로 사용하라고 주신 것이 아닙니다.

그래서 종교 개혁자 마르틴 루터(Martin Luther, 1483-1546)는 주기도문을 '가장 끔찍한 순교자'라고 불렀습니다. 그는 자신의 책『기도에 이르는 길』(*A Simple Way to Pray*)에서 다음과 같이 말합니다. "주기도문이야말로 지상에서 가장 끔찍한 순교자다. 주기도문은 온몸으로 고문을 당해 왔고 악용되어 왔으니, 오직 소수의 신자들만이 그것을 올바로 사용하여 위로와 기쁨을 누렸다."[20]

예수님께서 가르쳐 주신 주기도문의 틀은 그분의 마음을 반영합니다. 예수님께서는 이 기도가 마음 깊은 곳에서 우러나오는 우리의 기도가 되기를 바라셨습니다. 우리의 마음에 스며들어 그것이 주님께로부터 받은

---

[20] Martin Luther, *A Simple Way to Pray*, in *Luther's Works: Devotional Writings II*, vol. 43, trans. Carl J. Schindler, ed. Helmut T. Lehmann (Philadelphia: Fortress Press, 1979), 200.

기도문이라는 사실조차 잊어버리길 바라셨을 것입니다.[21]

그 후에 예수님께서는 어떤 자세(attitude)로 기도해야 하는지를 떡을 빌리는 친구의 비유를 통해 가르쳐 주셨습니다(눅 11:5-8). 이 비유의 핵심은 기도할 때 마음의 자세가 간절해야 한다는 것입니다.

간절히 기도하는 태도가 얼마나 중요한지 예수님께서는 다시 한 번 강조하여 말씀하셨습니다. "구하라 그러면 너희에게 주실 것이요 찾으라 그러면 찾아낼 것이요 문을 두드리라 그러면 너희에게 열릴 것이니 구하는 이마다 받을 것이요 찾는 이는 찾아낼 것이요 두드리는 이에게는 열릴 것이니라"(눅 11:9-10).

그리고 그 가르침 끝에 진정으로 구해야 할 것이 무엇인지 말씀하십니다. "하물며 너희 하늘 아버지께서 구하는 자에게 성령을 주시지 않겠느냐"(눅 11:13).

성령 안에서 살아야 한다

우리는 삶에서 승리를 꿈꾸지만 그렇게 할 수 있게 하시는 분은 성령이십니다. 성령으로 충만할 때 고난과 박해를 견딜 수 있습니다. 세상 유혹을 거절하며 진리를 따라 살 수 있습니다. 세상의 소금으로, 빛으로 살

---

21 김남준, 『깊이 읽는 주기도문』(서울: 생명의말씀사, 2017), 21.

아갈 수 있습니다(마 5:13-14). 또한 성령으로 충만할 때 그리스도를 '나의 주'로 고백할 수 있습니다(마 16:16). 성령 안에서 마른 뼈와 같던 영혼이 살아납니다(겔 37:9). 인간의 힘으로도, 지혜로도, 그 무엇으로도 할 수 없는 일을 성령께서는 이루십니다.

성령께서는 교회에 생명을 불어넣으십니다. 교회를 참으로 교회 되게 하십니다. 그러므로 성령의 부으심 없이는 참된 부흥을 기대할 수 없습니다. 성령의 역사 없이 교회가 커졌다면 그것은 형식적인 신자들의 수적 팽창일 뿐입니다. 진정한 의미에서의 교회의 확장인 사랑의 확장이 아닙니다.

"교회의 진정한 확장은 지상 교회의 수적 증가나 건물의 확장이 아닙니다. 오히려 사랑의 교제가 확장되는 것입니다. 하나님의 사랑이야말로 하나님께서 당신의 나라를 다스리시는 가장 탁월한 방편입니다."[22]

성령 충만은 능력 있는 그리스도인의 삶의 근원입니다. 만약 성령 충만하다면 어떠한 결핍이 있다고 하더라도 걱정할 것이 없습니다(빌 4:12). 수많은 적이 둘러싸고 있다고 하더라도 두려울 것이 없습니다(눅 21:12-15). 어디로 가야 할지 몰라도 염려할 것이 없습니다. 하나님께서 능력으로 함께하실 것이기 때문입니다. 그래서 성경은 그 무엇보다 성령을 구하라고 말합니다(눅 11:13).

---

[22] 김남준, 『교회와 하나님의 사랑』 (서울: 익투스, 2019), 236.

성령을 주심

우리의 구원을 계획하신 분은 성부 하나님이시고, 성자 하나님께서는 희생 사역으로 구원의 토대를 마련하셨습니다(요일 4:10). 그 구원을 우리에게 적용하여 믿게 하시는 분은 성령이십니다(요 16:13-14).

예수 그리스도를 믿을 때 우리는 성령 안에서 그리스도와 영적인 연합을 이루게 됩니다. 그분은 영원히 우리를 떠나지 않으십니다. "내가 아버지께 구하겠으니 그가 또 다른 보혜사를 너희에게 주사 영원토록 너희와 함께 있게 하리니"(요 14:16). 그럼에도 불구하고 우리는 성령으로 충만하길 간구해야 합니다.

예수 그리스도께서는 성령을 구하는 자의 자세가 어떠해야 할지를 말씀하십니다. "내가 또 너희에게 이르노니 구하라 그러면 너희에게 주실 것이요 찾으라 그러면 찾아낼 것이요 문을 두드리라 그러면 너희에게 열릴 것이니 구하는 이마다 받을 것이요 찾는 이는 찾아낼 것이요 두드리는 이에게는 열릴 것이니라"(눅 11:9-10).

그러시고는 갑자기 아버지와 아들의 이야기를 하십니다. "너희 중에 아버지 된 자로서 누가 아들이 생선을 달라 하는데 생선 대신에 뱀을 주며 알을 달라 하는데 전갈을 주겠느냐"(눅 11:11-12).

여기에서 알 수 있는 것은 이것입니다. 성령을 받는 것은 하나님과 우리와의 관계, 즉 아버지와 자녀의 관계를 기초로 한다는 것입니다.

우리에게는 성령을 구할 자격이 있습니다. 그 자격은 하나님의 자녀가 된 것입니다. 이것은 그리스도의 속죄의 공로로 주어졌습니다. 그래서 하나님의 자녀는 성령 받을 것을 기대할 수 있습니다. 이러한 기대가 없이 살아가는 신자들에게 성경은 말합니다. "너희 하늘 아버지께서 구하는 자에게 성령을 주시지 않겠느냐"(눅 11:13).

성령 충만하라

그리스도인은 성령에 대해 눈뜨지 않으면 안 됩니다. 성령께서 신자 안에 충만히 거하셔야 합니다. 그럼으로써 죽은 자와 다름없던 신자들이 군사와 같이 일어납니다(겔 37:10).

우리의 신앙생활이 마른 뼈와 같이 된 것은 성령 충만하지 않기 때문입니다(겔 37:5). 오늘날 많은 그리스도인들이 형식적인 신앙생활을 하는 것도 바로 이 때문입니다. 자신을 얽어맨 죄악을 끊어 버리지 못하는 것도 성령으로 충만하지 않기 때문입니다.

말씀을 들어도 감동받지 못하는 이유가 무엇입니까? 왜 잠시 은혜를 받아도 말씀대로 살지 못합니까? 성령의 은혜가 없기 때문입니다.

초대 교회 그리스도인들은 이 진리에 눈뜬 사람들이었습니다. 사도행전에서 사도들은 관원들에게 끌려가 위협받았습니다(행 4:5-7). 그때 교회는 기도하였고, 성령의 충만한 역사가 나타났습니다. 그로 인해 박해 앞에서도 두려워하지 않는 교회가 되었습니다. "빌기를 다하매 모인 곳이 진동하더니 무리가 다 성령이 충만하여 담대히 하나님의 말씀을 전하니라"(행 4:31).

야고보가 헤롯에게 죽임을 당하고 베드로도 처형당할 위기에 놓였습니다(행 12:1-3). 그때 교회는 무엇을 하였습니까? 교회는 사도들의 탈옥을 계획하지 않았습니다. 정치적으로 어떻게 힘을 써서 그들을 구할지를 고민하지 않았습니다.

교회는 전능하신 하나님을 의지하고 기도하였습니다. "이에 베드로는 옥에 갇혔고 교회는 그를 위하여 간절히 하나님께 기도하더라"(행 12:5). 베드로는 하나님의 은혜로 옥에서 벗어날 수 있었습니다(행 12:11). 그리고 교회는 더욱 성령으로 충만해졌고, 하나님의 말씀은 흥왕하게 되었습니다(행 12:24).

하나님께서는 신자에게 성령을 충만하게 부어 주시기를 원합니다(행 2:18). 성령의 능력이 아니면 죄악으로 가득 찬 세상에서 승리할 수 없기 때문입니다. 그런데도 성령 충만한 신자들은 소수입니다.

기도와 성령

이스라엘 사람들이 이야기를 서술할 때 특징이 있습니다. 그것은 중요한 내용은 앞뒤로 중복해서 쓰는 것입니다. 성령을 구하는 기도에 대해서도 예수님께서는 그렇게 이중적으로 강조하십니다. 먼저 예수님께서는 떡을 빌리려는 자의 간청함에 대해 말씀하십니다(눅 11:5-8).

밤중에 여행 중인 친구가 찾아왔습니다. 지치고 배고픈 그 친구를 위해 식사를 대접해야 하는데 집에 먹을 것이 없었습니다. 그래서 주인공은 할 수 없이 이웃에 있는 다른 친구를 찾아갔습니다. 깊은 밤이라 이웃 친구는 이미 잠자리에 들었습니다. 그러므로 처음 떡을 구하였을 때는 자려고 누웠으니 줄 수 없다고 말했을 것입니다. 그러나 반복해서 간절히 청하면 그 친구도 결국 일어나 떡을 주지 않을 수 없을 것입니다. "내가 너희에게 말하노니 비록 벗 됨으로 인하여서는 일어나서 주지 아니할지라도 그 간청함을 인하여 일어나 그 요구대로 주리라"(눅 11:8).

이처럼 하나님께서는 성령을 간절히 구하는 자에게 주십니다. 이는 세상을 이기며 살아가는 힘이 오직 하나님 아버지께로부터 온다는 사실을 알게 하시기 위함입니다.

오늘 성령을 달라고 기도했습니다. 그런데 내일이 되어도 성령 충만하지 않습니다. 그러면 조금 더 간절히 기도합니다. "주님, 성령을 주시옵소서." 그래도 응답이 없으면 이렇게 기도하게 됩니다. "주님, 저를 죽이시든지 살리시든지 응답해 주옵소서. 은혜 주시지 않으면 도저히 살아갈 수 없습니다." 급기야 그는 금식까지 하면서 매달립니다. 온 힘을 다해 기도합니다. 그러다 어느 날, 성령의 은혜가 임합니다. 그때의 감격을 생각해 보십시오.

그때 누군가가 어떻게 확실한 믿음을 갖게 되었느냐고 물으면, 성령께서 하신 것이라고 답할 것입니다. 어떻게 성령 충만해졌느냐고 물으면, 하나님께 기도했다고 말할 것입니다. 어떻게 그렇게 기도할 수 있었느냐고 물으면, 모두 하나님의 은혜였다고 말할 것입니다. 이처럼 성령의 은혜를 경험하는 과정은 하나님을 의지하는 삶을 살게 합니다.

성령 충만을 원하십니까? 기도하십시오. 간절히 매달리십시오. 낙심하지 마십시오. 예수 그리스도께서도 기도하실 때 성령의 능력으로 충만하여지셨습니다(눅 3:21-22).

전인격적인 추구

떡을 빌리는 자의 간절함에 대해 말씀하신 후, 예수님께서는 다시 한 번 말씀하십니다. "내가 또 너희에게 이르노니 구하라 그러면 너희에게 주실 것이요 찾으라 그러면 찾아낼 것이요 문을 두드리라 그러면 너희에게 열릴 것이니 구하는 이마다 받을 것이요 찾는 이는 찾아낼 것이요 두드리는 이에게는 열릴 것이니라"(눅 11:9-10).

예수님께서는 기도에 있어서 간청함이 어떤 방식으로 이루어져야 하는지를 "구하라. 찾으라. 두드리라."라는 말씀으로 보여주십니다. 떡을 빌리러 가는 이야기가 성령을 구함에 있어서 간절함을 가르쳐 주기 위한 것이었다면, "구하라. 찾으라. 두드리라."라는 말씀은 간절한 기도가 실제의 삶에서 전인격적이어야 함을 보여줍니다.

성령 충만을 위한 기도는 삶의 갈망을 동반해야 합니다. 그리스도께서는 이것을 '입으로 구하는 것, 눈으로 찾는 것, 손으로 두드리는 것'으로 표현하십니다. "구하라 그러면 너희에게 주실 것이요 찾으라 그러면 찾아낼 것이요 문을 두드리라 그러면 너희에게 열릴 것이니"(눅 11:9).

기도는 삶에 묶입니다. 삶은 기도를 넘어설 수 없습니다. 기도하는 것만큼 살고, 사는 것만큼 기도합니다. 그래서 기도가 기도자의 영혼을 움직였다면 그의 삶도 달라질 것입니다. 성령의 열매가 그의 삶에 드러날 것입니다(갈 5:22-23).

많은 사람들이 성령 충만하기를 원합니다. 그럼에도 불구하고 영적 빈곤함에서 벗어나지 못합니다. 하나님께서 그들에게 이렇게 말씀하시는 것 같지 않습니까? "사랑하는 자녀들아, 너희는 입술로만 성령을 찾지 말고 모든 삶으로 구하여라."

입술로는 성령을 찾아도 발이 불순종의 길을 걸어간다면 성령으로 충만해질 수 없습니다. 말로는 성령을 구하면서도 손으로는 죄를 짓는다면 성령으로 충만할 수 없습니다. 기도할 때만 성령을 찾는 사람이 아니라 전인격적인 삶으로 성령을 구하여야 합니다.

성령 안에서 기도할 때 우리는 하늘의 능력을 누릴 수 있습니다. 하나님의 마음에 가장 합한 기도를 드릴 수 있습니다. 어떤 사람은 많은 고통을 겪은 다음에야 비로소 자신이 원하던 것이 하나님의 뜻이 아니었음을 깨닫습니다. 그러나 성령 안에서 기도하면 하나님께서 기뻐하시는 뜻을 말씀을 통해 알게 됩니다. 성령께서는 하나님의 깊은 것까지도 아시기 때문입니다(고전 2:10). 그래서 성령 안에서 기도하는 사람들은 하나님의 뜻에 합한 기도를 하게 됩니다. 성령 안에서 살면 바른 시각을 갖게 됩니다.

하나님께서 이런 귀한 선물을 아무에게나 주실 리 없습니다. 거저 주시지만 먼저 기도하게 하십니다. 자기의 힘으로 살아갈 수 있다는 교만한 사람을 변화시켜 하나님을 의지하게 하십니다. 하나님의 은혜를 갈망하며 기도하게 하십니다.

친구를 위해 떡을 빌리러 온 사람처럼 이기적인 욕심이 아닌 섬기는 마음으로 간구하게 하십니다. 사슴이 시냇물을 찾기에 간절한 것처럼 하나님의 은혜에 갈급하게 하십니다. "하나님이여 사슴이 시냇물을 찾기에 갈급함같이 내 영혼이 주를 찾기에 갈급하니이다 내 영혼이 하나님 곧 살아 계시는 하나님을 갈망하나니 내가 어느 때에 나아가서 하나님의 얼굴을 뵈올까 사람들이 종일 내게 하는 말이 네 하나님이 어디 있느뇨 하오니 내 눈물이 주야로 내 음식이 되었도다"(시 42:1-3).

성령께서 기뻐하시는 삶을 살라

그리스도인의 삶은 본질적으로 영적 전쟁입니다. 신자는 매일 영적 전투에 참여합니다(엡 6:12). 그리스도의 구속 사역으로 승전보는 이미 울렸지만 피 흘리기까지 싸워야 최종적인 승리를 거둘 수 있습니다.

이 전투는 우리의 힘으로 승리할 수 없습니다. 성령의 능력이 필요합니다. 악한 영들은 우리를 파멸하기까지 도전해 옵니다. 때로는 두려움으로 위협하고, 유혹으로 넘어뜨리려고 합니다. 오직 성령의 능력으로만 악한 세력을 이길 수 있습니다. 바울은 이렇게 말합니다. "우리의 싸우는 무기는 육신에 속한 것이 아니요 오직 어떤 견고한 진도 무너뜨리는 하나님의 능력이라"(고후 10:4).

성령은 비인격적인 에너지나 영향력이 아닙니다. 성령은 하나님이시기에 인격적입니다. 그래서 성령께서는 생각하시고(롬 8:27), 우리를 향해 말씀하십니다(행 21:11). 판단하십니다(행 5:3). 기뻐하시기도 하고, 슬퍼하시기도 합니다.

우리는 성령을 근심케 하여서는 안 됩니다. 그렇게 하면 성령께서는 우리 안에 충만히 계시지 않습니다. "하나님의 성령을 근심하게 하지 말라 그 안에서 너희가 구원의 날까지 인치심을 받았느니라"(엡 4:30). 사소한 것에서부터 중요한 것에 이르기까지 삶의 모든 방면에서 하나님을 기쁘시게 해야 합니다. 그때 성령 충만에 이를 수 있습니다.

마음을 다하여 간절히 기도하십시오. 우리의 삶이 하나님의 뜻을 이루는 데 이바지해야 합니다. 우리가 세상에 살아 있는 것이 하나님께 기쁨이 되도록 살아야 합니다. 성령 충만을 위해 간구하는 이유도 바로 이 때문입니다.

맺는 말

인생길은 불확실성과 의외성으로 가득합니다. 자신이 원하는 대로 인생이 펼쳐지지 않습니다. 그러나 하나님께 자신을 모두 드린 사람은 두려워하지 않습니다. 인생이 자기가 원하는 대로 전개되지 않아도 낙심하지 않습니다. 자신의 인생을 통해서 하나님의 뜻이 이루어지기를 갈망하기 때문입니다.

그래서 예수님께서는 성령으로 충만하기를 구하라고 말씀하십니다. 성령 충만해야 올바른 길을 걸어갈 수 있고, 인간으로서 참된 자유와 만족을 누릴 수 있기 때문입니다.

그러므로 성령 충만하기 위해 삶을 정비하십시오. 성령의 능력으로 깊이 있는 기도가 가능합니다. 성령의 능력 안에서 하나님의 마음에 합한 기도를 드릴 수 있습니다. 그러면 하나님과 동행하는 기쁨 속에서 살 수 있게 됩니다.

"그러므로 어리석은 자가 되지 말고 오직 주의 뜻이 무엇인가 이해하라 술 취하지 말라 이는 방탕한 것이니 오직 성령으로 충만함을 받으라" (엡 5:17-18).

God
Who Is
There
and
Answers
Me

나눔 1.

우리는 성령 충만에 대한 오해가 있습니다. 성령 충만을 단순한 신비적 경험으로 보는 것입니다. 그러나 성령 충만은 사랑 충만입니다. 그래서 우리의 삶에 성령의 열매가 풍성히 나타나는 것입니다. "오직 성령의 열매는 사랑과 희락과 화평과 오래 참음과 자비와 양선과 충성과 온유와 절제니 이 같은 것을 금지할 법이 없느니라"(갈 5:22-23).

성령 충만에 대한 경험을 나누어 봅시다. 성령 충만할 때 나타난 가장 뚜렷한 변화는 무엇이었는지 생각해 봅시다.

나눔 2.

신자는 하나님의 자녀일 뿐만 아니라 하나님 나라의 군사입니다. 그래서 사도 바울은 "주 안에서와 그 힘의 능력으로 강건하여지고"(엡 6:10)라고 말합니다. 영적 싸움에 적합한 군사가 되는 비결은 '주님 안에' 있는 것입니다. 곧 실제적으로 그리스도를 통해 삼위 하나님과의 연합을 누리는 것입니다.

십자가의 보혈은 그것을 믿는 사람들에게 능력을 줍니다. 죄와 싸울 수 있는 능력, 고난과 역경을 이길 수 있는 능력을 줍니다. "이는 우리 복음이 너희에게 말로만 이른 것이 아니라 또한 능력과 성령과 큰 확신으로 된 것임이라 우리가 너희 가운데서 너희를 위하여 어떤 사람이 된 것은 너희가 아는 바와 같으니라"(살전 1:5).

실제의 삶에서 그리스도인으로서 강해져야 할 필요를 느낀 적이 있습니까? 십자가에 대한 깨달음을 통해 영적으로 강해지고 담대해진 적이 있다면 나누어 봅시다.

교회는 진리를 간직한 신적 기관입니다. 하나님께서는 진리를 교회에 위탁하셨습니다. 그래서 교회만이 인생의 진정한 의미가 무엇인지를 알려 줍니다. 어떻게 사는 것이 참사람답게 사는 것인지를 가르쳐 줄 수 있습니다. 세상의 유일한 희망이 교회인 것도 이 때문입니다. 교회에서 흘러나오는 순수한 말씀으로 인류는 행복한 삶을 살 수 있기 때문입니다. 그러므로 교회는 세속주의로 물들지 않은 순수한 진리를 전달하는 통로가 되어야 합니다. 하나님의 말씀이 선포되고 그분을 사랑하는 성도들이 있는 곳이어야 합니다.

제10장

기도와 교회

교회의 영광을 위해 기도해야 한다

나는 시온의 의가 빛같이, 예루살렘의 구원이 횃불같이 나타나도록 시온을 위하여 잠잠하지 아니하며 예루살렘을 위하여 쉬지 아니할 것인즉 이방 나라들이 네 공의를, 뭇 왕이 다 네 영광을 볼 것이요 **사 62:1-2**

많은 사람들이 예수님을 믿고 새사람이 되었다고 합니다. 정말 그들이 새사람이 되었을까요? 그리스도 안에서 새사람이 되었다는 것을 어떻게 입증할 수 있을까요? 이것은 겉모습의 변화만으로는 알 수 없습니다. 진정한 변화는 속사람이 새롭게 되는 것입니다(고후 5:17).

　사람이 변하면 그의 욕망이 달라집니다. 욕망은 그 사람의 꿈과 삶을 지배합니다. 그래서 욕망은 그의 인격과 전개될 삶을 예측하게 합니다.

사람이 변하면 기도도 변한다

　하나님의 자녀가 되었다면 회심하기 전과 다른 욕망을 가져야 합니다. 잠시 은혜에서 미끄러질 수는 있지만 속사람을 지배하고 있는 욕망이 동일하게 지속될 수는 없습니다. 신자라고 말하면서도 추구하는 바가 예수님을 믿기 전과 달라지지 않았다면 아직 새사람이 아닙니다.

그리스도인으로서 우리의 꿈은 무엇입니까? 무엇 때문에 예배를 드리고 하나님을 섬깁니까? 거듭난 사람에게는 거듭난 꿈이 있습니다. 그리스도인의 기도는 궁극적으로 그것을 지향(志向)해야 합니다.

우리는 크고 작은 모든 일을 위해 기도해야 합니다. 필요한 모든 것을 하나님께 정직하게 간구해야 합니다. 구하는 것을 하나님께로부터 받기 때문입니다. "무엇이든지 구하는 바를 그에게서 받나니 이는 우리가 그의 계명을 지키고 그 앞에서 기뻐하시는 것을 행함이라"(요일 3:22).

모든 것을 하나님께 구할 수 있습니다. 직장의 문제나 사업의 문제, 의식주의 문제까지 모든 것을 놓고 기도할 수 있습니다. 아주 작고 사소한 바람을 위해서도 기도할 수 있습니다. 우리는 이러한 기도의 응답을 통해 하나님의 사랑과 은혜를 깨닫습니다.

그러나 신앙이 성장하면 구하는 것도 달라져야 합니다. 어린아이는 사탕 하나가 먹고 싶어서 엄마에게 매달립니다. 하지만 그 아이가 자라서 고등학생이 되면 그렇게 하지 않을 것입니다.

신앙의 본질이 무엇인지 알게 되면 기도하는 바도 달라집니다. 하나님을 아는 지식이 깊어지면 다른 욕망이 생겨납니다. 우리를 구원하신 하나님의 계획을 알고 나면 먹고 마시는 것보다 더 중요한 일이 있음을 깨닫게 됩니다.

이에 대해 예수 그리스도께서는 이렇게 말씀하셨습니다. "그러므로 염려하여 이르기를 무엇을 먹을까 무엇을 마실까 무엇을 입을까 하지 말라 이는 다 이방인들이 구하는 것이라 너희 하늘 아버지께서 이 모든 것이 너희에게 있어야 할 줄을 아시느니라 그런즉 너희는 먼저 그의 나라와 그의 의를 구하라 그리하면 이 모든 것을 너희에게 더하시리라"(마 6:31-33).

예수님께서는 인생의 목적에 대해 말씀하십니다. 그것은 "먼저 그의 나라와 그의 의를 구하라"(마 6:33)라는 것입니다. 여기에서 '먼저'라고 번역된 헬라어 **프로톤**(πρῶτον)은 '순서상 첫 번째'라는 의미라기보다는 '다른 모든 것들과 비교할 수 없이 탁월하고도 중요한 것'을 가리킵니다. 곧 이 땅에서 이루어질 하나님의 통치와 그분의 뜻이 그리스도인들의 삶의 진정한 이유가 되어야 한다는 것을 강조한 것입니다.[23]

---

23 Leon Morris, *The Gospel according to Matthew*, in *The Pillar New Testament Commentary* (Grand Rapids: Wm. B. Eerdmans Publishing Company, 1992), 161.

하나님의 영광에 대한 갈망

비뚤어진 욕망은 우리를 넘어뜨립니다. 그것은 품고 있는 것만으로도 우리의 인생을 굽게 만듭니다. 이런 욕망은 크고 지속적일수록 우리의 삶을 비참하게 합니다. 그런데 어떤 욕망은 클수록 우리를 더욱 빛나게 합니다. 그것이 바로 하나님의 영광에 대한 갈망입니다.

이사야 선지자는 이스라엘의 멸망과 함께 회복을 예언하던 사람입니다. 그에게는 가슴에 타오르는 기도 제목이 있었습니다. 그것은 이스라엘이 멸망을 피하는 것이 아니었습니다.

이스라엘 역사에서 가장 어두운 때를 지나고 있었지만, 그는 결코 절망하지 않았습니다. 이는 그가 이스라엘에 여호와의 영광이 나타날 것을 믿었기 때문입니다(사 40:5). 그리고 이것이 선지자의 소원이었습니다. "나는 시온의 의가 빛같이, 예루살렘의 구원이 횃불같이 나타나도록 시온을 위하여 잠잠하지 아니하며 예루살렘을 위하여 쉬지 아니할 것인즉 이방 나라들이 네 공의를, 뭇 왕이 다 네 영광을 볼 것이요"(사 62:1-2).

시온의 의가 빛같이

첫째로, 시온의 의가 빛같이 나타나는 것입니다(사 62:1). 시온은 예루살렘 남쪽에 있는 가장 높은 산입니다. 그렇지만 구약성경에서는 종종 그

산이 있는 도시 전체를 가리켜 '시온'이라 하기도 했습니다(시 2:6, 9:11).

시온은 하나님의 율법, 곧 말씀을 소유하고 있었습니다. 그래서 그곳은 특별한 장소가 되었습니다. 땅의 번영이 아니라 시온 백성들과 함께하는 하나님의 말씀이 그곳을 중요하게 만들었습니다. 이사야 선지자는 이렇게 말합니다. "율법이 시온에서부터 나올 것이요 여호와의 말씀이 예루살렘에서부터 나올 것임이니라"(사 2:3).

이스라엘보다 강한 나라들도 있었습니다. 더 부유하고, 더 넓은 영토를 누리던 민족도 있었습니다. 그러나 하나님이 누구신지에 대한 참지식의 말씀은 오직 시온으로부터 나옵니다. 시온을 통하지 않고 이 세상은 하나님과 인간, 세계와 인생에 대한 참된 도리를 알 수 없습니다.

사람이 무엇을 통해서 하나님을 알아 갑니까? 무엇을 통하여 창조의 목적을 발견합니까? 무엇으로 참된 행복에 이릅니까? 하나님의 말씀을 통해서입니다.

진리의 가장 큰 효용성은 무질서에 질서를 부여하는 것입니다. 우리는 진리의 말씀을 통해서 하나님과 자신을 알게 되고, 사람이 어떻게 살아야 할지를 깨닫게 됩니다.

시온은 부귀영화로 빛을 발하지 않습니다. 시온으로부터 흘러나온 하나님의 도(道)를 따르는 사람들 때문에 빛날 수 있었습니다. 이사야는 그날을 사모하였습니다. 모든 사람이 하나님의 계명을 사랑하게 될 날을 바라보았습니다(마 22:37-38). 그날에 하나님께서는 우리의 하나님이 되시고 우리는 그분의 백성이 될 것이라는 언약이 온전히 성취될 것이기 때문입니다. "나는 너희 중에 행하여 너희의 하나님이 되고 너희는 내 백성이 될 것이니라"(레 26:12).

많은 사람들이 세상을 더 좋은 곳으로 만들려고 애씁니다. 그들의 헌신은 어느 정도 의미와 가치가 있습니다. 그러나 영적인 어둠을 물리치고 하나님께서 원하시는 선한 사회를 만드는 일은 인도주의적 노력으로 완성되지 않습니다.

그것은 교회를 통해 흘러나오는 하나님의 말씀으로 이루어집니다. 그것이 진리의 힘입니다.

교회는 진리를 간직한 신적 기관입니다. 하나님께서는 진리를 교회에 위탁하셨습니다. 그래서 교회만이 인생의 진정한 의미가 무엇인지를 알려 줍니다. 어떻게 사는 것이 참사람답게 사는 것인지를 가르쳐 줄 수 있습니다. 세상의 유일한 희망이 교회인 것도 이 때문입니다.

그러므로 교회는 세속주의로 물들지 않은 순수한 진리를 전달하는 통로가 되어야 합니다. 교회에서 흘러나오는 순수한 말씀으로 인류는 행복한 삶을 살 수 있기 때문입니다. 교회는 하나님의 말씀이 선포되고 그분을 사랑하는 성도들이 있는 곳이어야 합니다.

그래서 교회를 위한 최고의 기도 제목은 교회가 순수한 하나님의 말씀을 간직하는 것입니다. 그것으로써 어두운 세상을 빛으로 밝힐 수 있기 때문입니다. 그것이 교회의 가장 큰 영광입니다.

또한 교회의 영광은 거기에 있는 사람들이 하나님의 사람이 되는 데 있습니다. 교회를 통해서 불신자가 예수 그리스도를 믿게 될 뿐 아니라 하나님의 말씀대로 살아갈 때 교회는 빛이 납니다.

세상이 어두울수록 그것은 그리스도인이 빛으로 드러날 기회입니다. 무엇이 그것을 가능하게 합니까? 말씀으로 말미암아 변화된 그리스도인들입니다. 성경은 말합니다. "오직 정의를 물같이, 공의를 마르지 않는 강같이 흐르게 할지어다"(암 5:24).

그리스도인들이 공의를 행하고 하나님과 겸손히 동행할 때, 그들은 독특한 삶으로 하나님의 영광을 드러냅니다(미 6:8). 그것이 하나님을 아는 지식의 힘입니다. 그때 세상은 교회를 새롭게 보게 될 것입니다.

교회를 새롭게 보는 사람마다 하나님이 어떤 분이신지를 다시 알게 됩니다. 신자 각 사람의 배에서 생수의 강이 흘러넘칠 때 그 강물은 거대한 바다를 이루게 될 것입니다(요 7:38). 그리하여 세상은 여호와를 아는 지식으로 가득할 것입니다(사 11:9, 합 2:14).

예루살렘의 구원이 횃불같이

둘째로, 예루살렘의 구원이 횃불같이 나타나는 것입니다(사 62:1). 이스라엘 안에는 이스라엘 혈통이 아닌 사람들도 있었습니다(출 12:38). 그러나 그들도 이스라엘 사람으로 여김받았습니다. 하나님께서는 이스라엘 백성 안으로 들어온 이방인과 본래 백성을 구별하지 않으셨습니다.

가나안 원주민 출신인 갈렙은 유다 지파에 소속되었습니다(민 13:6). 헷 사람인 우리아도 장군의 지위에까지 올랐습니다(삼하 11:6). 가나안의 천한 여자였던 라합은 보아스의 어머니가 되었고(마 1:5), 모압 여인 룻은 다윗의 증조할머니가 되었습니다(룻 4:21).

이는 그들이 예루살렘을 통해 나타난 구원을 믿음으로 받아들였기 때문입니다. 출신은 이방인일지 몰라도 그들은 신앙으로 하나님의 백성이 되었습니다.

예루살렘의 영적 상태는 세상 모든 나라에게도 중요한 의미가 있습니다. 구원은 예루살렘으로 말미암기 때문입니다. 그래서 이사야 선지자는 예루살렘에서 구원의 횃불이 어두운 밤의 횃불같이 타오르기를 갈망하였습니다.

사람들은 세상에서 여러 가지 고통을 겪습니다. 거기에는 현실적으로 다양한 이유가 있습니다. 그러나 성경은 인간이 고통받는 근본적인 이유가 하나님을 떠났기 때문이라고 말합니다(렘 2:19). 그리고 그것은 인간이 하나님을 알지 못하기 때문입니다. "그들의 총명이 어두워지고 그들 가운데 있는 무지함과 그들의 마음이 굳어짐으로 말미암아 하나님의 생명에서 떠나 있도다"(엡 4:18).

인간이 모든 고통에서 벗어날 수 있는 유일한 길은 예수님을 믿고 구원받는 것입니다(행 16:31). 오직 예수 그리스도를 통해서만 하나님을 알 수 있고, 하나님께로 나아갈 수 있기 때문입니다(요 14:6). 그래서 인간의 유일한 희망은 예수 그리스도이십니다.

교회는 고통받는 세상을 복음으로 구원하도록 부름받았습니다. 하나님께서 사람을 구원하신 것은 참사람으로 살게 하시기 위함입니다. 그러기에 교회의 영광은 세상의 평판이나 규모에 있지 않습니다. 복음으로 죄인들이 회심하여 하나님의 영광을 위해 살게 하는 데 있습니다. 교회는 이 일을 위해 부름받은 공동체입니다.

오늘날 교회는 영혼을 구원하는 열정이 식어 가고 있습니다. 많은 교인들은 자기 인생의 무게도 감당하지 못합니다. 그런데도 말씀의 은혜를 갈망하지 않습니다. 그래서 하나님의 생명으로 죄인을 구원하는 일에 헌신하지 않습니다. 오직 소수의 사람들만이 이 일을 위해 애씁니다. 이는 예루살렘의 구원의 횃불이 타오르기를 원하셨던 하나님의 마음에서 멀어진 것을 보여줍니다.

그러므로 지금이야말로 교회를 위해 기도할 때입니다. 교회를 통해 구원의 영광이 드러나기를 기도할 때입니다. 그리스도의 구원의 빛이 어두운 세상에서 찬란하게 드러나 많은 사람들이 그리스도께로 돌아오기를 간구해야 할 때입니다. 잃어버린 영혼들이 그리스도의 교회에서 새 생명을 얻을 뿐만 아니라 더욱 풍성한 삶을 살 수 있기를 기도해야 할 때입니다(요 10:10).

쉬지 않고 드린 기도

이 두 가지 열망을 지닌 선지자는 이렇게 말합니다. "나는 시온의 의가 빛같이, 예루살렘의 구원이 횃불같이 나타나도록 시온을 위하여 잠잠하지 아니하며 예루살렘을 위하여 쉬지 아니할 것인즉 이방 나라들이 네 공의를, 뭇 왕이 다 네 영광을 볼 것이요"(사 62:1-2).

여기서 '잠잠하지 않겠다.'라는 것과 '쉬지 않겠다.'라는 것은 문학적으로 병행법입니다. 같은 의미를 가진 말입니다. 그것은 선지자가 끊임없이 기도하겠다는 것입니다. 선지자는 죄와 불순종으로 멸망당할 이스라엘을 바라보며 이 꿈을 꾸었습니다.

우리도 선지자가 꾸었던 꿈을 꾸어야 합니다. 하나님 없이 고통 가운데 사는 사람들을 십자가 그늘로 돌아오게 해야 합니다. 그리고 그렇게 돌아온 사람들이 교회의 가르침을 통해 그리스도를 닮은 자로 자라게 하여야 합니다(엡 4:13). 어두운 세상을 불꽃처럼 살도록 도와야 합니다. 그때 교회는 신자들을 통해 정의를 물같이, 공의를 마르지 않는 강같이 세상으로 흘려보낼 것입니다(암 5:24).

이 일을 위해서 교회는 구령의 불길을 소유하여야 합니다. 먼저 교회 자신 안에 타오르는 복음의 감격이 있어야 합니다. 진리 안에서 사는 기쁨과 환희가 넘쳐야 합니다.

하나님께서는 기도를 통해서 이 일을 이루십니다. 기도하는 신자만이 구원의 감격을 유지하며 살 수 있기 때문입니다.

정의와 공의, 사랑과 자비를 세상에 흘려보내지 못하도록 악한 영들은 교회를 에워싸고 있습니다. "우리의 씨름은 혈과 육을 상대하는 것이 아니요 통치자들과 권세들과 이 어둠의 세상 주관자들과 하늘에 있는 악의 영들을 상대함이라"(엡 6:12).

악한 영은 많은 간계로 교회를 위협합니다. 성도들의 마음에 가시를 뿌려 놓고, 어둠의 그림자를 드리웁니다. 다툼으로 교회가 분열되게 하여 교회 본연의 사명을 감당하지 못하게 합니다(고전 1:12).

악한 세력은 때로, 성도들이 사명을 감당하는 것보다 훨씬 더 충실하게 자신의 계획을 이루어 갑니다. 그래서 교회 안에는 영적 전선(戰線)이 형성됩니다. 어둠의 권세와 성령의 은혜 사이에서 한 치의 양보도 없는 치열한 싸움이 일어납니다.

우리가 기도해야 하는 이유가 여기에 있습니다. 하늘 능력으로 악한 세력을 소멸하고 하나님의 영광이 드러나도록 기도해야 합니다. 오늘날 교회에는 이런 열렬한 기도의 사람들이 필요합니다. 누가 이 일에 헌신할 수 있겠습니까?

하나님께서는 이사야를 부르시던 때와 같이 말씀하십니다. "주께서 이르시되 내가 누구를 보내며 누가 우리를 위하여 갈꼬"(사 6:8). 우리는 하나님의 부름에 답할 수 있어야 합니다. "내가 여기 있나이다 나를 보내소서"(사 6:8).

복음의 일꾼이 되라

바울은 골로새 교회에 보내는 편지에서 자신이 복음의 일꾼이 되었다고 말합니다. "이 복음은 천하 만민에게 전파된 바요 나 바울은 이 복음의 일꾼이 되었노라"(골 1:23).

바울만 복음의 일꾼으로 부름받은 것이 아닙니다. 우리 모두 복음을 위한 일꾼으로 부름받았습니다. 하나님을 만난 깊이는 바울에게 견줄 수 없을지 모릅니다. 그러나 우리가 받은 주님의 사랑이 바울에 비해 적다고 말할 수는 없습니다.

우리는 모두 그리스도께 잃어버린 양들이었습니다(요 10:16). 그런 우리를 불러 복음을 깨닫게 해주셨습니다. 성령을 주셔서 그리스도와의 연합 안에서 살게 하셨습니다. 성령의 충만한 은혜 안에서 기쁨의 삶을 살게 하셨습니다. 자기밖에 모르던 우리가 다른 사람을 사랑하고 그들을 위하여 눈물로 기도하게 하셨습니다.

우리는 복음의 일꾼입니다. 하나님께서 우리에게 베푸신 은혜는 그리스도께서 섬기셨던 일을 뒤이어 살게 하시기 위함입니다. 그러므로 우리는 자신의 존재 가치를 이 세상을 구원하는 일에서 발견해야 합니다. 하나님의 선하심과 아름다움을 드러내는 것이 우리가 살아 있는 이유가 되어야 합니다.

하나님께로부터 큰일을 맡은 사람에게 주목할 필요가 없습니다. 더욱이 그의 영광을 부러워할 필요도 없습니다(요 21:22). 다른 사람의 십자가가 그 사람의 것인 것처럼 영광도 그렇습니다.

더욱이 하나님께서는 세상이 보는 기준으로 사람을 판단하지 않으십니다. 세상 보기에 작은 일이라도 그 일을 맡은 사람이 온전히 하나님을 사랑하고 그 일에 헌신했다면 그의 영광은 누구보다 찬란할 것입니다.

하나님의 일꾼은 자기가 하고 싶은 일을 하는 사람이 아닙니다. 그는 주님의 마음을 이해하고 그분의 마음에 기쁨이 되게 일하여야 합니다. 그래서 하나님의 마음을 시원케 하는 사람이 되어야 합니다(잠 25:13).

그러므로 복음을 위해 사십시오. 그러면 기도는 천상의 날개를 달 것입니다. 간구는 치솟는 불길에 기름을 붓는 것처럼 타오를 것이며, 우리의 삶은 세상에 울림을 줄 것입니다.

맺는 말

우리는 어린아이가 걸음마를 배우는 것처럼 기도를 배웁니다. 기도를 배운다는 것은 기도를 들으시는 거룩하신 하나님에 대해 배운다는 것이며, 그분과의 교제를 배운다는 것입니다.

기도의 시작점은 자신의 필요이지만 기도의 과정에서 신자는 자기와 교회를 향한 하나님의 마음을 배웁니다. 그리고 그 결실은 하나님의 영광이 교회에 충만하기를 간절히 기도하는 것으로 나타납니다. 하나님을 아는 지식이 세상에 가득해지는 일이 그리스도께서 함께하시는 교회로 말미암아 이루어질 것이기 때문입니다(사 11:9).

그래서 기도는 이 땅에 하나님의 나라가 이루어지게 하는 방편입니다. 만약 신자가 하나님의 사랑에 사로잡혀 있다면 그는 그리스도의 가르침을 따르며 살 것입니다. "그런즉 너희는 먼저 그의 나라와 그의 의를 구하라 그리하면 이 모든 것을 너희에게 더하시리라"(마 6:33).

나눔 1.

예수 그리스도께서 우리를 대신하여 죽으신 것은 우리로 하여금 당신이 사셨던 이유를 따라 살게 하시기 위함입니다. 곧 예수님께서 이 땅에 계셨더라면 하셨을 그 일을 하게 하시기 위함입니다. 그래서 우리는 복음의 일꾼이 되어야 합니다. "그가 모든 사람을 대신하여 죽으심은 살아 있는 자들로 하여금 다시는 그들 자신을 위하여 살지 않고 오직 그들을 대신하여 죽었다가 다시 살아나신 이를 위하여 살게 하려 함이라"(고후 5:15)

모든 그리스도인이 복음의 일꾼이라는 말의 의미를 생각해 봅시다. 그리고 자신의 일상의 삶에서 복음이 어떻게 빛을 드러낼 수 있을지 나누어 봅시다.

나눔 2.

교회를 위한 가장 큰 기도 제목은 교회가 순수한 복음을 간직하고 선포하는 것입니다. 복음이 교회를 통하여 능력 있게 드러나 많은 사람이 구원을 받는 것입니다. 그리고 신자는 복음을 힘입어 살아가야 합니다. 그때에야 세상에 하나님의 정의가 물같이 흐를 것이며, 하나님을 아는 지식이 가득할 것입니다. 그것이 창조의 목적이고 구원의 목적입니다. "내 거룩한 산 모든 곳에서 해 됨도 없고 상함도 없을 것이니 이는 물이 바다를 덮음같이 여호와를 아는 지식이 세상에 충만할 것임이니라"(사 11:9).

교회가 순수한 복음을 간직하고 있다는 말의 의미를 생각해 봅시다. 교회가 복음을 세상에 선포한다는 것이 무엇을 뜻하는 것인지 나누어 봅시다.

마치는 글

바람아,
일어나서 나의 동산에 향기를 날리라

왕의 동산은 한 사람만을 위한 비원(祕苑)입니다. 그곳은 잠겨 있을 뿐 아니라 우물은 덮여 있습니다. 그리고 샘은 봉해졌습니다(아 4:12). 한 사람 외에 그 누구에게도 허락되지 않는 곳입니다.

봉해진 샘에서는 물이 흘러나와 동산을 적시며 두루두루 흐릅니다. 그로 인해 그곳에는 아름다운 꽃들과 다양한 과실수, 각종 향나무와 귀한 향료가 자랍니다. "내 누이, 내 신부는 잠근 동산이요 덮은 우물이요 봉한 샘이로구나 네게서 나는 것은 석류나무와 각종 아름다운 과수와 고벨화와 나도풀과 나도와 번홍화와 창포와 계수와 각종 유향목과 몰약과 침향과 모든 귀한 향품이요"(아 4:12-14).

그런데 평안하고 고요한 동산을 향해 신부는 이렇게 노래합니다. "북풍아 일어나라 남풍아 오라 나의 동산에 불어서 향기를 날리라"(아 4:16上).

성경에서 나오는 북풍은 북쪽에서 부는 찬바람입니다. 이 바람이 불면, 물이 얼고 넉넉했던 물은 줄어듭니다(욥 37:9-10). 이에 반해 남풍은 남쪽에서 부는 더운 바람입니다(욥 37:17, 눅 12:55). 이 바람은 주로 회오리 바람으로 나타나기에 광풍으로 불리기도 합니다(시 78:26, 행 27:13-14).

그렇기 때문에 '북풍아, 일어나라. 남풍아, 오라.'라는 말은 결코 좋은 의미에서의 바람을 부르는 것이 아니었습니다. 신부는 동산에 부는 북풍도, 남풍도 마다하지 않았습니다. 왜냐하면 그런 바람에도 불구하고 동산은 파괴되지 않을 것이기 때문입니다. 오히려 바람으로 인하여 아름다운 향기가 동산 안에 가득할 것입니다.

이는 신부가 신랑을 향해 갖는 사랑의 덕은 세상의 환난과 유혹, 그 어떤 시련으로도 결코 사라지지 않을 것임을 선언하는 것입니다. "환난과 시련이 온다면 나는 그것 때문에 신랑을 더 사랑하리라!"

누가 자기의 인생에 괴로움과 시련이 오기를 바라겠니까? 모든 사람이 행복하고 평안한 길을 바랍니다. 누구나 하나님의 도움을 받아 안전한 길로 가기를 원합니다. 그러나 신부는 동산을 괴롭게 하는 바람을 구하고 있습니다. 그 바람이 동산의 꽃향기를 만발하게 하여 동산의 아름다움을 드러낼 것이기 때문입니다.

사랑이 깊으면, 고난과 시련은 그리스도의 향기를 뿜게 하는 도구가 됩니다(고후 2:15). 이것이 바로 우리가 가져야 할 마음입니다. 고난과 시련이 온다면 그것 때문에 하나님께로 더 가까이 나아가야 합니다.

큰 물결 일어나 나 쉬지 못하나
이 풍랑으로 인하여 더 빨리 갑니다.

우리는 시련과 고난 속에서 하나님의 사랑을 더 많이 알아 갑니다. 신랑 되신 그리스도의 아름다움을 더욱 맛보게 됩니다(시 34:8). 그러면 시련과 고난은 그리스도의 향기를 날리게 하는 바람이 됩니다.

때로 이 일은 자기 죽음의 길입니다. 그렇지만 우리는 그 길을 걸어갑니다. 나는 죽고 내 안에 오직 예수 그리스도만 가득하기를 바라며 인생길을 걸어갑니다(갈 2:20).

그 길 위에서 기도할 수 있다는 것은 얼마나 달콤한 일인지요? 만약 기도가 없다면 우리의 삶은 메마른 땅을 맨발로 걷는 것과 같을 것입니다. 기도는 지친 삶에 쏟아지는 한 줄기 생수와 같습니다. 그 기도의 물로 우리는 마른 목을 축이고, 걸어갈 힘을 얻습니다. 그리고 무엇보다 하나님과 깊은 사랑을 누립니다.

> 내 기도하는 그 시간 내게는 가장 귀하다.
> 저 광야 같은 세상을 끝없이 방황하면서
> 위태한 길로 나갈 때 주께서 나를 이끌어
> 그 보좌 앞에 나아가 큰 은혜 받게 하시네.

그때 우리는 그분의 얼굴빛으로 만족하게 됩니다. 하나님을 가까이하는 것 외에 더 구할 것이 없음을 알게 됩니다. "하늘에서는 주 외에 누가 내게 있으리요 땅에서는 주밖에 내가 사모할 이 없나이다 내 육체와 마음은 쇠약하나 하나님은 내 마음의 반석이시요 영원한 분깃이시라"(시 73:25-26).

사명선언문

너희가 흠이 없고 순전하여……세상에서 그들 가운데 빛들로
나타내며 생명의 말씀을 밝혀 _ 빌 2:15-16

1. 생명을 담겠습니다
만드는 책에 주님 주신 생명을 담겠습니다.
그 책으로 복음을 선포하겠습니다.

2. 말씀을 밝히겠습니다
생명의 근본은 말씀입니다.
말씀을 밝혀 성도와 교회의 성장을 돕겠습니다.

3. 빛이 되겠습니다
시대와 영혼의 어두움을 밝혀 주님 앞으로 이끄는
빛이 되는 책을 만들겠습니다.

4. 순전히 행하겠습니다
책을 만들고 전하는 일과 경영하는 일에 부끄러움이 없는
정직함으로 행하겠습니다.

5. 끝까지 전파하겠습니다
모든 사람에게, 땅 끝까지, 주님 오시는 그날까지
복음을 전하는 사명을 다하겠습니다.

서점 안내

광화문점　서울시 종로구 새문안로 69 구세군회관 1층
　　　　　02)737-2288 / 02)737-4623(F)

강남점　　서울시 서초구 신반포로 177 반포쇼핑타운 3동 2층
　　　　　02)595-1211 / 02)595-3549(F)

구로점　　서울시 동작구 시흥대로 602, 3층 302호
　　　　　02)858-8744 / 02)838-0653(F)

노원점　　서울시 노원구 동일로 1366 삼봉빌딩 지하 1층
　　　　　02)938-7979 / 02)3391-6169(F)

분당점　　경기도 성남시 분당구 황새울로 315 대현빌딩 3층
　　　　　031)707-5566 / 031)707-4999(F)

일산점　　경기도 고양시 일산서구 중앙로 1391 레이크타운 지하 1층
　　　　　031)916-8787 / 031)916-8788(F)

의정부점　경기도 의정부시 청사로47번길 12 성산타워 3층
　　　　　031)845-0600 / 031)852-6930(F)

인터넷서점　www.lifebook.co.kr